동 양 상 담 학 시 리 즈 ⑲

왕양명과 상담

전병호 · 이재용 공저

Oriental Counseling Series

학지사

동양상담학 시리즈를 펴내며

　돌이켜 보면 참 오랫동안 한국상담 또는 동양상담에 대한 연구와 논의의 필요성을 느껴 왔다.

　처음 상담계에 입문할 때는 그저 서양에서 들어온 지식을 열심히 섭취하여 상담을 잘하기만 하면 그만이라고 생각했다. 상담의 발상지가 서양이니까 그렇게 하는 게 하나도 이상할 것이 없고, 또 상담계에 종사하는 모든 사람이 그렇게 하니까 아무런 의구심이 들지 않았다. 하지만 시간이 지나면서 조금씩 내가 하는 일에 무엇인가가 빠져 있다는 사실을 눈치채기 시작했다. 서양 사람들에게서 뽑아낸 상담 지식을 한국 사람에게 그대로 적용하는 데 무리가 있다는 점을 알게 된 것이다. 그러니까 그때까지 나는 한국 사람을 서양 사람 대하듯 상담해 왔다. 이런 사실을 알게 되면서 내심 무척 당황하고 부끄러웠다. 한국 사람과 서양 사람이 모든 점에서 똑같다면 몰라도, 그렇지 않다면 맞지 않는 옷을 어색하게 입히려는 우스꽝스러운 짓을 하고 있었던 셈이다.

이때부터 나의 고민은 시작되었다. 어떻게 하면 한국 사람에게 어울리는 상담을 할 수 있을까? 어떻게 하면 한국 사람에게 적합한 상담 지식을 찾아내고 이를 체계적으로 정리할 수 있을까? 어떻게 하면 한국적 문화와 역사와 전통을 반영한 상담 이론을 구성할 수 있을까? 이런 고민 끝에 한국인의 일상생활에 스며 있는 삶에 대한 철학과 사상과 문화적 전통을 뒤져 보자는 생각을 하게 되었다. 그렇게 해서 이 책에 실린 원고들을 하나씩 쓰기 시작하였다. 이때 우연히 이웃나라 일본의 상담학자들도 일찌감치 나와 같은 고민을 하며 일본식 상담을 개발하였다는 사실을 접할 수 있었다. 모리

타 상담과 나이칸 상담은 그들의 치열한 문제의식에서 비롯한 일본식 상담론으로서 우리가 한 번쯤 살펴볼 만한 가치가 있다. 이 책의 제목을 한국상담이 아닌 동양상담이라고 붙인 것은 일본식 상담이 포함되었기 때문이기도 하고, 동양사회를 관통하고 있는 유·불·도 삼가의 사상이 주요 주제로 다루어지고 있기 때문이기도 하다.

처음 이 원고를 집필하기 시작할 때는 한 권의 단행본으로 출판하려고 하였다. 그러나 작업을 하다 보니 앞으로도 이런 작업이 끝없이 이어져야 할 거라는 생각 그리고 연구가 완성될 때까지 오래 기다리기보다 그때그때 신속하게 연구 결과를 보고하는 편이 나을 거라는 생각이 들었다. 이 시리즈의 첫 원고가 이미 5년 전에 탈고되었다는 점이 이런 생각을 굳혔다. 앞으로 이

시리즈가 계속되기를 기대한다. 필자 역시 작업을 계속
하겠지만, 한국상담과 동양상담에 관심 있는 상담학도
라면 누구라도 이 작업을 이어 갈 자격이 있다. 그리하
여 앞으로 100권, 200권을 넘어서까지 이 시리즈가 쌓
여 가기를 바란다. 감히 말하건대, 이 시리즈 목록의 길
이는 한국상담의 성숙도를 보여 주는 바로미터가 될 것
이다.

필자는 상담을 전공하는 후학들이 '우리와 우리 것'에
대해 관심 가지기를 간절하게 바란다. 원고를 쓰면서
우리 역사, 사상, 철학, 문화 속에 상담 정신이 깃든 자
료가 그렇게 풍부하다는 데 정말 놀랐다. 그럼에도 불
구하고 이런 자료들이 상담학도들의 눈에 띄지 않았다
는 사실이 참 이상하다. 다소 늦기는 했지만 이 자료들
을 정리하여 현대 상담 속으로 끌어들일 때가 되었다.

외국으로부터 배울 것은 배우되, 온고지신하는 마음으로 우리 것을 품어서 한국상담학을 정립해 가는 창조적인 작업에 모두 동참하자.

이 작업을 시리즈로 기획하자고 제안하신 김진환 사장님 그리고 상담에 대한 깊은 애정을 가지고 정말 꼼꼼하게 교정과 편집 책임을 맡아 주신 최임배 부사장님에게 감사의 말씀을 드린다. 앞으로도 좋은 상담 책을 많이 출판하여 한국상담계의 발전에 큰 몫을 담당해 주시기 바란다.

청주 원봉산 자락에서

박성희

드디어 한류가 세계의 이목을 집중시키는 시대가 도래하였다. 대중예술에서 시작된 이런 흐름은 이제 삶의 전 분야로 확대되어 가는 추세다. 상담이라고 예외일 수는 없다. 머지않아 동양상담, 한국상담에 전세계 상담자와 상담학자들의 관심이 쏟아질 것이다. 그때 자신 있게 내놓을 상담지식이 하나둘 쌓여 간다는 사실에 선배 학자로서 자부심을 느낀다. 왕양명의 철학과 사상을 해부하여 우리에게 '알맞고 어울리는' 상담지식을 창조해 낸 전병호, 이재용 두 선생에게 아낌없는 박수를 보낸다.

박성희

머리말

지난 2007년부터 동양상담학 시리즈가 출판되면서 서양학문 중심으로 이루어지는 상담학계에 새로운 바람을 불어넣고 있다. 동양상담학 시리즈를 통해 한국인뿐만 아니라 동양사회 전체에 영향을 미친 사상들을 우리 상담에 접목하는 작업이 계속되고 있다. 이러한 작업을 통해 한국인의 사상과 문화가 녹아든 새로운 상담 지식이 만들어졌으며, 연구의 연장선으로 명나라 중기의 철학자 왕양명을 조명하게 되었다.

사실 왕양명이라는 이름은 우리에게 매우 낯설다. 고등학교 윤리 교과서에서나 접해 보았을 뿐 일상생활에서는 접하기 어려운 이름이다. 심지어 유학마저 우리 사회에서 점점 설 자리를 잃어 가고 있는 처지에 유학자 중에서도 대중성이 떨어지는 왕양명의 사상을 상담과 연결 짓는 것은 무의미해 보인다.

하지만 의구심에서 벗어나 양명의 사상을 조금 다른 시선으로 볼 필요가 있다. 양명의 사상은 고려 말기부터 조선시대에 이르기까지 우리 사회를 주름잡은 주자학과 완전히 결을 달리하고 있다. 이로 인해 오랜 세월 주류사회로부터 박해받은 학문이다. 하지만 이런 양명의 색다른 해석 덕분에 유학사상이 훨씬 심오하고 다양해질 수 있었다.

상담 또한 마찬가지다. 얼핏 낯설어 보이고 상담에 어울리지 않는 것 같은 학문이 오히려 상담지식을 풍부하게 해 줄 수 있다. 더구나 왕양명의 사상은 주자학과 달리 인간의 마음을 중요하게 여긴다. 양명은 평생에 걸쳐 마음을 다스려 천리에 이르기 위한 방법을 연구하였다. 유학자로서 성현에 이르기를 꿈꿨지만 불교와 도교를 배척하지 않고 적극적으로 수용하여 자신의 사상을 정밀하게 다듬었다. 관료였지만 권위의식을 버리고 백성의 곁에서 함께 울고 웃으며 백성들을 돌봤다. 스스로 고안한 마음공부를 바탕으로 목숨을 위협하는 수십 번의 위기를 거치며 피폐해진 몸과 마음을 치유하였다. 장수로서 전장에 나가 반란군을 품어 주는 따뜻한 마음 씀씀이로 그들을 감화시켜 피 한 방울 흘리지 않고 전쟁을 끝내기도 하였다. 양명은 이론에 그치지 않고 자신의 사상을 몸소 실천하며 주변 사람들에게 긍정적인 영향을 주었다.

상담이란 인격적 만남을 통해 생활 세계 곳곳에서 사람들의 바람직한 변화를 돕는 과정이다(박성희, 2007b). 상담의 정의에 비추어 보았을 때, 양명의 삶은 상담자에 무척 어울린다. 양명은 평생에 걸쳐 자신의 성취를 주변 사람과 나누며 함께 성장해 가기를 바랐다. 많은 사람이 양명의 말과 글에 위로받고 감화되어 기존과 다른 인생을 살 수 있었다.

안타깝게도 양명이 직접 쓴 책은 몇 권 되지 않는다. 하지만 양명의 제자들은 양명이 죽은 뒤, 그의 말과 글을 모아 책으로 출판하였다. 또 많은 학자가 그의 말과 글을 일반인들도 쉽게 이해할 수 있도록 해설해 주었다. 덕분에 양명의 사상을 상담과 연결하는 작업을 진행할 수 있게 되었다.

이 책의 목적은 양명의 사상을 완벽하게 담아 세상에 소개하는 것이 아니다. 양명의 사상에서 인간 변화의 원리와 방법을 탐구하고 현대상담에 접목하는 것에 그 목적이 있다. 때문에 심오한 양명의 사상에서 빠진 부분도 많고, 여러 연구자의 해설과 다른 부분도 많을 것이다. 여러모로 부족한 점이 많지만 이 글로 말미암아 양명의 삶과 사상을 상담과 연관 지어 여러분께 소개할 수 있게 되어 감사하다. 아울러 많은 상담학도가 동양의 보석 같은 철학들을 상담과 연결하는 작업에 동참하여 한국인의 몸과 마음에 꼭 맞는 상담학이 정립되어 가기를 바란다.

전병호, 이재용

차례

1

왕양명과 상담: 왜 왕양명인가

　우리 사회는 지난 70여 년간 선진국에서 수백 년에
걸쳐 이루어 왔던 사회, 경제적인 성취를 짧은 시간에
따라잡고자 노력했다. 지난 세월을 숨 가쁘게 달려온
결과, 우리 사회는 비약적인 발전을 이루었고 국민들은
과거와 비교할 수 없이 물질적으로 풍족한 삶을 누리고
있다.

　그러나 밝은 면이 있으면 어두운 면이 있기 마련
이다. 현재 우리 사회는 독재 정권 시절의 고도의 성장
을 경험한 세대와 민주주의의 가능성을 경험한 세대 사
이 극복하기 어려운 세대 차이를 겪고 있다. 대기업 중

심의 경제성장은 산업의 불균형과 극심한 빈부격차를 불렀고, 경쟁을 통해 수준 높은 인재를 뽑는 교육시스템으로 인해 국민들은 어린 시절부터 치열한 경쟁에 시달린다. 이처럼 우리가 처한 부조리한 현실에 한국인의 심신은 지쳐갔다.

우리 사회는 이처럼 지친 마음을 달래고 치유하는 방법으로 상담을 조명했다. 사람들은 보통 상담을 심리치료와 같은 개념으로 받아들이는 경향이 있다. 상담을 심리적으로 문제를 겪는 청담자를 전문가가 진단하고 치료하여 사회로 복귀시키는 일련의 과정으로 생각한다.

하지만 상담은 이보다 더욱 넓은 개념이다. 상담이란, 인격적 만남을 통해 생활 세계 곳곳에서 사람들의 바람직한 변화를 돕는 과정이다(박성희, 2007b). 단순히 문제점을 고치는 것뿐만 아니라 한 인간의 변화와 성장을 모두 아우른다. 때문에 상담은 청담자가 겉으로 보여 주는 말과 행동뿐만 아니라 청담자의 기질, 사회 · 문화적 배경까지 청담자의 내면을 속속들이 파악하고 다룰 수 있어야 한다.

상담학의 주류는 서양에서 비롯되었다. 서양 사람의 성향과 문화적 배경에서 나타난 문제를 그들의 방식으로 해결하고 그 과정을 학문으로 남긴 것이다. 박성희(2007a)는 서양 사람을 기준으로 고안된 상담지식을 한국 사람에게 그대로 적용하는 것은 맞지 않는 옷을 억지로 입히는 것과 같으며, 한국인의 일상생활에 스며 있는 삶에 대한 철학과 사상과 문화적 전통에서 상담지식을 찾아야 한다고 하였다. 한국인에게 꼭 맞는 상담을 발굴하고 발전시켜 나가려면 서양의 상담지식에서 방법을 찾을 것이 아니라 우리의 삶 속에 살아 숨 쉬는 우리의 철학에서 해결의 실마리를 찾아야 한다.

양명학은 명나라 중기의 철학자 왕수인(王守仁)이 정립한 학문으로서 사람의 마음을 이치로 보는 심학의 계보를 잇고 있다. 조선시대 주자학의 이론적 기틀을 마련한 정도전은 「심기리(心氣理)」편에서 불교는 심(心)을, 도교는 기(氣)를, 주자학은 이(理)를 중심으로 삼는다고 하였다(정인재, 2014). 따라서 심을 중시하는 양명학은 당시 조선에서 불교나 도교와 같은 이단(異端)으로 분류

되어 철저히 배척되었다.

　그럼에도 불구하고 조선의 수많은 학자가 양명학의 계보를 이어갔다. 일찍이『홍길동전』을 쓴 허균이 양명학자이며,『우서(迂書)』를 저술한 농암 유수전도 사민평등 사상을 주장한 양명학자이다. 또한 병자호란 때 홀로 적진에서 담판을 벌인 최명길도 양명학자이다(정인재, 2014). 특히 하곡 정제두는 주변사람의 만류를 뿌리치고 양명학을 연구하여 조선의 양명학을 집대성하여 '하곡학'을 완성하였다. 뒤를 이어 많은 학자가 하곡학파를 형성하였고 이는 위당 정인보 선생에게 계승되었다. 정인보 선생의 연구는 일제에 나라를 빼앗기고 정체성을 잃어 가는 국가를 되찾기 위해 노력한 많은 독립운동가에게 사상적 지침이 되었다. 사실 양명학은 우리에게 낯선 이름일지 모른다. 그러나 오랜 세월 한국인의 사상 속에 면면히 흐르며 많은 영향을 끼쳤다. 때문에 양명학의 정신은 한국인이 겪는 마음의 질병을 진단하고 치유하는 데 단초를 제공할 수 있다.

　양명학엔 현대상담을 발전시킬 수 있는 수많은 상담

지식이 담겨 있다. 양명은 모든 사람은 성인이 될 수 있는 자질을 그 안에 갖추고 있다고 본다. 이러한 자질을 양지(良知)라는 개념을 통해 설명하고 있다.

> 사람들은 가슴속에 각각 하나의 성인을 지니고 있다. 다만 스스로 믿지 못하기 때문에 모두 스스로 묻어 버리고 말았다. …… 사람에게 있는 양지는 그대가 어떻게 하건 없앨 수 없다. 비록 도적이라 하더라도 역시 도둑질하는 것이 마땅하지 않다는 것을 스스로 알고 있다. 그를 도적이라고 부르면 그도 역시 부끄러워한다.
> 〈전습록 하권, 최재목, 2003, pp. 237-238〉

누구나 선천적으로 지니고 있는 양지는 인간의 도덕적 행동 기준이다. 그리고 양지가 잘 드러나게 하는 것만으로도 유교에서 이상으로 삼는 성인의 반열에 오를 수 있다. 상담의 입장에서 보면 상담자는 청담자가 마음속의 양지를 갈고 닦아 되찾는 것을 도와줌으로써 청담자의 바람직한 변화를 이끌어 줄 수 있을 것이다.

양명은 일상생활 중에 마음을 수련하고 성장시킬 수

있는 구체적인 방안을 제시하였다. 도교와 불교가 담고 있는 사상은 매우 심오하다. 하지만 도교와 불교는 세속과 인연을 끊고 출가하거나 자연에 묻힌 삶을 이상적으로 본다. 일상생활에서 벗어나기 어려운 현대인에게 이는 꿈같은 일이다. 주자학은 수많은 유교학자의 오랜 연구 끝에 탄탄한 이론을 갖추었다. 하지만 주자학이 담고 있는 내용을 자세히 이해하기엔 너무 어렵고 양도 방대하다. 양명은 치열한 일상생활을 하는 와중에 마음을 갈고 닦을 수 있으며, 이를 위한 체계적인 방법도 정리하였다. 일례로 '사상마련(事上磨鍊)'을 들 수 있다.

"조용할 때에는 하고자 하는 생각이 그런대로 괜찮다고 느껴지다가 일을 만나자마자 같지 않은 것은 무엇 때문입니까?"

선생이 대답하였다. "그것은 그대가 조용히 마음을 기르는 것만 알고, 이기(利己)적인 자기를 이기는 공부를 하지 않았기 때문이다. 이와 같은 상태에서 일에 부딪혔을 때 바로 마음은 사욕에 기울어져 버린다. 사람은 반드시 일을 해 가면서 자신을 연마해야 비로소

확고하게 설 수 있으며 비로소 조용해도 마음이 안정
되고 움직여도 안정될 수 있다."

〈전습록 하권, 최재목, 2003, p. 154〉

사상마련은 '지금-여기'에서 하고 있는 일을 통해서
자신을 연마하는 것이다. 단지 조용히 있는 것으로 수
행한다면 어떤 일이 생겨 마음이 복잡해지면 제대로 수
행에 집중할 수 없다. 이와 같은 수련법은 일상생활에
바쁜 현대인에게 일상생활을 하는 동시에 상처받은 마
음을 살피고 돌볼 수 있는 방법을 알려 줄 것이다.

사실 우리 사회는 유학에 대해 좋지 않은 인상을 갖
고 있다. 옛 왕조를 지키기 위한 학문이며 현대에 맞지
않는 옷으로 치부한다. 심지어 국가의 발전을 막고 사
람들의 사고를 경직하게 만드는 고리타분한 학문으로
배척하는 경우도 있다. 실제로 유학의 많은 예와 격식
이 현대사회에 어울리지 않는 것도 사실이다. 하지만
유학의 예와 격식은 유교사상을 일상생활에서 표현하
는 방식일 뿐이다. 표현방식은 시대에 따라 맞추어 가

면 그만이다. 우리가 놓치지 말아야 할 것은 사상의 정수이다.

　유학은 오랜 세월에 걸쳐 인간의 마음을 탐구하여, 이를 올바르게 다루는 방법을 연구한 학문이다. 상담을 사람들의 상처받은 마음을 어루만져 긍정적인 변화를 이끄는 활동으로 볼 때, 유학이 수천 년에 걸쳐 마음을 탐구하며 쌓은 지식의 정수는 상담학의 저변을 넓히고 발전시키는 데 도움을 줄 수 있다. 특히 양명은 주자의 주장과 달리 인간의 마음과 천리(天理)를 동일시한 심학의 계보를 잇고 있다. 주자학은 마음 밖에서 이치를 구한 반면, 양명은 우리 마음의 구조를 이해하고 마음속에 잠재된 도덕적 기준인 양지를 회복하기 위한 다양한 방법을 연구하였다. 양명의 사상은 현대사회에 만연한 마음의 질병을 진단하고 치유하는 데 큰 도움이 될 수 있을 것이다.

2

왕양명의 삶

    왕양명은 1472년 9월 10일, 절강성 소흥부 여요현 서운루에서 태어났다. 양명의 처음 이름은 운(雲)이었으나, 양명의 할아버지인 죽헌공(竹軒公) 왕륜(王倫)이 양명의 이름을 수인(守仁)으로 고친다. '수인'이라는 이름은 '어짊(仁)을 지키다'라는 뜻으로 평생을 유학공부에 매진하여 독자적인 학문을 펼친 양명에게 썩 잘 어울리는 이름이다.

    양명이 10세가 되던 해, 양명의 부친 용산공(龍山公) 왕화(王華)가 진사시험에 수석으로 합격하여 당시 명나라의 수도인 북경으로 갔다. 용산공은 아버지께 효도하고자 죽헌공을 북경으로 초청한다. 이에 이듬해, 양명은 할아버지와 함께 북경으로 향한다.

양명이 북경에서 주자의 저서를 공부하던 중 "모든 사물에는 반드시 겉과 속, 정밀함과 거침이 있고, 풀 한 포기 나무 한 그루에도 모두 지극한 이치가 있다."(『주자어류』 권 18)는 주자학의 격물궁리설을 접하였다(최재목, 2003). 양명은 바로 격물궁리를 실천하기 위해 관사에서 자라는 대나무를 잘라 며칠 동안 바라보며 궁리하였다. 그러나 대나무의 이치를 얻기는커녕 병을 얻게 되었다. 당시 양명은 어린 나이였기에 자신의 역량 부족을 탓했지만 이때부터 마음 깊은 곳에서 주자학에 대한 근본적인 회의가 싹 텄을지도 모른다.

양명의 나이 17세 때, 양명은 고향으로 돌아와 강서 포정사참의인 제양화(諸養和)의 딸과 결혼한다. 이때 양명은 고향 소흥을 떠나 강서성의 처가에 머물게 된다. 양명의 결혼식에서도 재미있는 일화가 있다. 결혼식 때문에 온 집안이 떠들썩할 때 양명은 집을 나와 종적을 감추어 버린다. 이에 집안사람들이 크게 놀라 양명을 수소문하였으나 결국 새벽녘이 되어서야 남창의 도교 사원 철주궁에서 양명을 찾는다. 당시 양명은 철주궁에서 수행하는 무위도자(無爲道者)라 불리던 도사로부터 도교의 교리를 접하고 그와 함께 가부좌를 틀고 선가(仙家)공부에 열중하고 있었다고 한다. 그 시대에 도교는 이교(異敎)로 배척받는 학문이었다. 그럼에도 양명은 아랑곳하지 않고 결혼식도 잊을 정도로 수행에 깊게 빠져 있었다. 이런 그의 모습에서 학문에 분별을 두지 않고 관심 있는 분야에 푹 빠져 익히는 자유분방한 성품을 엿볼 수 있다.

양명은 21세 때, 과거의 예비 시험이라 할 수 있는 향시(鄕試)에 합격하였다. 하지만 이후 2차 시험인 회시(會試)에 연거푸 낙방하게 된다. 연이은 실패로 양명은 학문에 흥미를 잃고 병서를 탐독한다. 이때 당시 양명은 과일을 놓으며 진법을 구상했을 정도로 병법에 푹 빠져 있었다. 후에 그가 군대를 이끌어 반란을 진압하고 도적을 토벌하는 등 많은 공을 세우는 데 젊은 시절의 경험이 도움이 되었음을 짐작할 수 있다.

양명은 27세 때, 마음을 다잡고 주자의 독서법을 충실히 실천하였다. 그러나 그는 앞서 대나무의 이치를 탐구하던 시절처럼 별다른 성과를 얻지 못한다. 양명은 "사물의 이치와 나의 마음이 끝내 둘로 분리되어 통일되지 않는다."(「연보 27세조」)고 하였다(최재목, 2003). 이에 그는 도교사원을 찾아 도사의 양생술(養生術)에 빠져 세상을 버리고 입산할 뜻을 갖기도 한다. 또한 중국 각지의 유명한 사찰을 돌며 불교에 심취하기도 하였다. 이러한 방황은 그가 도교와 불교의 사상을 비판적으로 수용하여 그만의 독자적인 심학을 펼칠 수 있는 자양분이 되었다.

양명의 나이 28세에 마침내 회시와 3차 국가고시인 전시(殿試)에도 합격하여 국가의 관리가 될 수 있었다. 양명은 준현 사람 왕월(王越)의 분묘 축조 공사 감독으로 임명되어 공사 지역인 준현에 부임하였다. 그는 매일같이 공사장을 다녔는데, 어느 날 말을 타고 공사장에 가던 중 낙마하여 가슴에 큰 부상을 입게 된다. 이때 다친 부상은 이후 양명의 인생 전반을 그림자처럼 따랐던 폐병의 원인이 된다.

애초에 몸이 약했던 양명은 무리한 관직생활로 건강을 해치고 결국 31세 때, 벼슬을 그만두고 소흥으로 돌아와 회계산 자락의 양명동에 수행할 집을 짓고 은둔생활을 한다. 양명이라는 호는 바로 여기서 유래하였다. 2년간의 요양으로 건강을 회복한 양명은 다시 관직으로 돌아간다. 나아가 국방에 대한 이론을 인정받아 국방부의 무관 시험을 담당하는 관직을 맡아 북경으로 향한다.

양명이 35세 때, 효종의 뒤를 이어 무종이 15세의 나이로 즉위하게 된다. 무종은 정치에 관심이 없고 어리석어 주변의 환관들에게 많이 휘둘렸다. 특히 유근(劉瑾)은 인사에 마음대로 관여하면서 뇌물을 챙겨 막대한 부를 쌓았다. 이로 인해 패전한 장군이 뇌물로 출세하고 거꾸로 아무리 공적이 있는 장군일지라도 유근에게 뇌물을 바치지 않으면 파면될 지경이었다.

사리사욕에 휩싸여 권력을 휘두르는 환관 무리를 탄핵하기 위해 대선(戴先)과 같은 남경의 간관(諫官)이 유근을 비롯한 환관들의 횡포를 무종에게 상소한다. 하지만 이들의 상소는 황제에게 닿지 않고 오히려 환관 무리에 의해 많은 간관이 억울하게 투옥되고 만다. 이를 두고 볼 수 없었던 양명은 간관들을 투옥하는 것은 너무 지나치며 이는 국가의 미래에 악영향을 미친다고 상소하였다. 또한 유근과 같은 간신을 멀리하여 왕의 덕을 밝히기를 바랐다. 하지만 상소는 받아들여지지 않았고 오히려 유근을 탄핵하려 했다는 이유로 무종의 화를 불러 곤장 40대의 가혹한 처벌을 받고 투옥되었다.

결국 양명은 중국의 서북방에 귀주성 용장역의 역승(驛丞), 즉 역사(驛舍)의 직무를 맡는 하급관리로 좌천된다. 이에 이듬해 양명은 용장을 향한 여행길에 오른다. 그러나 그의 몸은 곤장으로 인해 허벅지가 찢어지고 뼈가 부러지는 큰 부상을 입어 긴 여행을 견디기 어려웠다. 더구나 양명에게 앙심을 품은 유근이 자객을 보내 양명의 뒤를 밟고 있었다. 양명은 자객의 눈을 피해 여러 번 죽을 위기를 넘으며 가까스로 용장에 도착하였다.

용장은 북경에서 5,000km나 떨어져 있는 곳으로 귀주성에서도 산간벽지에 속했다. 그곳에는 묘족(苗族)이 살고 있었는데 그들은 한족(漢族)에 대한 적개심이 가득했다.

용장에서의 양명의 삶은 유근의 자객에게 언제 죽을지 모르는 불안한 삶이었다. 「연보 37세조」를 보면 "나에 대한 유근의 분노는 여전했다. 일생의 영달부침(榮達浮沈)은 조금도 걱정되지 않지만, 생사에 대한 것은 떨쳐버릴 수 없었다."고 하였다. 죽음에 대한 공포와 곤장과 질병으로 약해진 몸, 용장의 열악한 환경으로 양명은 점점 피폐해져갔다. 하지만 이런 악조건들이 아이러니하게 양명의 정신력을 더욱 단련시켰고, 새로운 깨달음에 다가가게 하였다.

어느 날 양명은 '격물치지(格物致知)'에 대해 맹자에게 가르침을 구하는 꿈을 꾸었다. 꿈에서 맹자는 양명에게 '양지'에 대해 강의했고, 양명은 여기서 주자학의 '격물치지'의 참뜻을 깨닫는다. '양지'는 『맹자』의 「진심」편에 나오는 "사람들이 배우지 않아도 능한 것은 양능(良能)이요, 생각하지 않고도 아는 것은 양지(良知)이다."에서의 '양능'과 '양지'를 합한 개념이다(최재목, 2003). 양명은 '격물'을 "사물(物)을 바로잡는다(正)"고 읽고, "자기 마음속의 비뚤어진 것을 올바르게 바로잡는 것"으로 해석했다(최재목, 2003). '치지'란 맹자가 말한 '양지'를 나타내는 것이다. 양명의 이러한 깨달음을 흔히 용장대오(龍場大悟)라고 일컫는다. 양명은 지난날 주자학의 방법으로 수련을 거듭했지만 도저히 해답을 찾지 못하고 '사물의 이치와 나의 마음이 분리'되었다. 하지만 용장에서의 깨달음을 통해 '내 마음이 곧 이치'인 심즉리설(心卽理設)로 기존의 주자학과는 완전히 다른 사상을 전개할 수 있었다.

양명의 깨달음은 용장에서의 삶에도 변화를 가져왔다. 양명은 용장에서 생활하며 그곳의 원주민인 묘족들에게 집 짓는 방법과 학문을 가르친다. 양명은 그곳에서 원주민의 말을 배우고 그들을 삶을 이해하려 노력했다. 이러한 양명의 노력은 원주민뿐만 아니라 중국 도처에 닿아 양명의 명성을 더욱 드높여 주었다.

양명은 이듬해 심즉리설에 이어 지행합일설(知行合一

說)을 펼치기 시작한다. 주자학은 먼저 알고 다음에 행하는 선지후행(先知後行)의 입장이다. 양명은 이와 달리 무언가에 대해 알면(知) 이것과 동시에 대상에 대한 감정, 태도, 생각 등의 행위(行)가 시작된다고 보았다.

양명을 죽음의 위기로 내몬 유근은 수많은 악행으로 인해, 조정에 많은 적을 만들게 되었고 결국 탄핵되게 된다. 이와 함께 양명도 복권되어 그의 나이 40이 되었을 때, 북경으로 돌아올 수 있었다. 그리고 양명의 나이 43세가 되었을 때, 남경으로 발령이 난다. 이에 많은 제자가 그를 따라가 학문을 이어 간다. 당시 양명의 제자가 유학에 대한 것뿐만 아니라 불교, 도교 등의 각종 교리에 대해서 논쟁하였다. 그러나 점차 제자들은 공리 · 공론에 빠져 양명의 가르침에서 벗어나기 시작한다. 이에 양명은 묵좌징심(默坐澄心), 성찰극치(省察克治), 사상마련(事上磨練) 등의 수련법을 논하며 제자들이 다른 학문에 흔들리지 않고 유학에 뿌리를 두어 학문할 수 있도록 한다.

양명은 용장에서 얻은 깨달음을 계기로 그만의 독자

적인 심학을 펼쳐 갔다. 하지만 그의 사상은 당시 주류를 이루고 있던 주자학과 다른 점이 많았다. 때문에 많은 학자로부터 비판을 받았다. 이에 양명은『주자만년정론』을 편집하여 자신의 이론이 주자가 만년에 깨우친 이론과 별반 다르지 않다는 것을 증명해 보이려 했다. 당시 양명은 지배층의 절대적인 지지를 받는 주자학에 정면으로 반하기엔 자신감이 부족했다. 이에『주자만년정론』을 통해 자신의 학문과 주자의 학문과의 연관성을 찾아 주자학자들의 비판을 피하고자 한 것이다. 이후 양명은 치양지설을 바탕으로 자신의 사상을 원숙하게 키워 주자학을 정면으로 비판한다.

45세가 되던 해 양명은 강서성 남부의 남감, 복건성 서남부의 정주, 장주 등의 치안유지를 맡게 된다. 이후 양명은 10여 년간 반란 진압을 위해 바삐 움직인다. 양명은 오랫동안 익혀 온 병법과 마음공부를 실제 자신이 맡은 업무에서 몸소 실천했다. 양명은 반란 진압에 한 번도 실패한 적이 없었으며 무력을 쓰지 않고 특유의 통찰력으로 반란군을 설득해 피 한 방울 흘리지 않고 승리하는 경우도 많았다. 현재 한국의 육군사관학교, 일본의 자위대에서 양명의 군사적 전략을 연구하는 사람이 있을 정도로 양명의 업적은 놀라운 일이었다(최재목, 2003).

양명은 47세가 되던 해, 복건성의 모반 사건을 조사하기 위해 강서성의 풍성에 들렀다가 그 곳의 지사로부터 강서성 남창을 다스리는 영왕 신호(宸濠)가 모반을 일으켰다는 소식을 접한다. 신호는 반란군을 이끌고 황제 자리에 앉기 위해 파죽지세로 북경으로 향했다. 이에 양명은 4일 밤낮을 움직여 강서성 길안에 도착했다. 그곳에서 신호의 반란을 상소하고, 관군과 의병을 모아 반군과의 결전을 준비한다.

양명은 한 달여간의 치열한 공방 끝에 남창을 평정하고 도망가는 신호를 추적하여 생포하게 된다. 그러나 양명의 공을 시기한 장충, 허태와 같은 측근들이 무종을 꼬드겨 친정군을 이끌고 직접 평정에 나서도록 한다. 이에 무종은 7만이 넘는 대군을 이끌고 남창으로 향한다. 장충과 허태는 친정에 나선 무종이 공을 세울 수 있도록 양명에게 신호를 풀어줄 것을 요구한다. 양명은 일언지하에 거절하고 이에 앙심을 품은 장충과 허태는 수시로 양명을 모함하게 된다. 다행히 친정군의 참모인 장영의 중재로 사태는 무사히 일단락되지만 이후에도 수시로 장충과 허태는 중상모략으로 양명을 곤란한 처지로 몬다.

양명이 50세가 된 해, 무종이 31세의 나이로 죽는다. 같은 해 4월에 세종이 즉위한다. 세종은 장충, 허태와 같은 간신배를 처형하고 무종 때에 온갖 수난을 겪던 양명의 명예를 회복하여 북경으로 불러들인다. 그러나 이듬해, 양명이 아버지의 상(喪)을 치르기 위해 고향에 내려갔을 때, 양명의 공훈을 질시한 여러 사람의 모함을 받게 된다. 이로 인해 아버지의 상이 끝났음에도 별다른 관직 없이 고향에서 6년의 세월을 보내게 된다.

이 시기는 양명의 학문이 최전성기를 이루던 시기였다. 전국 각지에서 양명에게 가르침을 청하는 제자가 몰려왔고, 강의실은 항상 발 디딜 틈 없이 붐볐다. 이곳에서 양지에 대한 양명의 학설이 무르익게 된다. 양명은 기존에 펼쳤던 모든 사상을 치양지설로 귀결시켜 자신의 사상의 종지로 삼았다. 양명은 수많은 고난과 역경으로 몸과 마음이 지칠 때, 양지를 등불 삼아 자신을 치유했고 나아가 중앙행정의 관리로서 모든 백성을 따뜻하게 품고 보살펴 주었다.

양명이 56세가 되던 해, 광서의 사은과 전주에서 지방의 토관(土官)들이 대규모의 난을 일으켜 조정이 큰 위기에 봉착했다. 이에 영왕 신호를 진압하는 등 커다란 군사적 업적을 쌓은 양명이 반란군을 토벌하는 중책을 맡게 된다. 양명은 크고 작은 질병과 오랜 폐병으로 몹시 쇠약한 상태임에도 불구하고 원정에 나서게 된다. 양명은 토적을 진압하는 동시에 그들이 난을 일으킨 까닭을 살폈다. 당시엔 외곽 지역까지 중앙정부의 행정력이 미치지 않아 정부에서 임명한 토관이 그 지역을 다스리고 있었다. 이들이 중앙정부의 관군과 마찰을 빚고 있었다. 중간 관리의 부정부패로 토관의 공(功)이 엄한 사람에게 돌아가는 등, 민심이 날로 사나워지고 있었다.

양명은 특유의 통찰력으로 이러한 사정을 꿰뚫고 무

력을 사용하여 진압하지 않고 병력을 철수시키는 동시에 적군을 회유했다. 이러한 양명의 작전이 제대로 통하여 양명은 피 한 방울 흘리지 않고 난을 평정할 수 있었다. 양명은 사재를 털어 백성들을 위문하고 지역의 정치제도와 교육제도를 정비하여 민심을 안정시키는 것도 잊지 않았다.

하지만 늙고 병든 양명에게 대규모 원정은 치명적인 일이었다. 양명의 병세는 급속도로 나빠지기 시작했다. 이에 양명은 상소를 올려 사직을 청하였으나 받아들여지지 않았다. 결국 양명은 왕의 명령을 기다리지 않고 고향으로 향한다. 양명은 고향으로 향하는 배 위에서 기력이 다하여 57세의 나이로 숨을 거둔다. 양명의 사망소식은 삽시간에 중국 전역으로 퍼졌고 수많은 사람이 모여들어 양명의 죽음을 추모하였다. 이후 양명의 제자들은 약속이나 한 듯 생전에 스승이 남긴 말과 글을 모아 양명학의 근간을 다졌다.

3

왕양명의 사상

왕양명의 사상은 당시의 주류학문인 주자학과 여러 면에서 대척점에 서 있다. 양명은 젊은 시절 주자학을 따라 학문하였으나, 이치를 얻지 못하고 방황한다. 그러나 용장에서 새로이 깨달음을 얻고 심즉리설을 펼치며 이것이 만물일체론(萬物一體論)에 이르러 주자의 입장과 전혀 다른 양명만의 독자적인 사상으로 완성했다.

양명은 초기에 제자들이 격물치지(格物致知)의 수련법으로 양지를 깨닫도록 한다. 이것이 만년에 이르러 치양지설(致良知說)로 발전하여 양명의 모든 사상을 집대성한다. 이에 심즉리설에서 만물일체론에 이르는 사상은 인간관과 세계관으로, 격물치지에서 치양지설에 이르는 수련방법은 인간 변화의 원리로 범주화하였다.

1. 인간관과 세계관

1) 심즉리설

주자는 '이(理)'란 궁극적 표준 곧 태극(太極)이며 형이상의 도이며, '기(氣)'는 음양과 오행으로써 끊임없이 운동 변화하고 있는 형이하의 구체적 기물(器)이라고 보았다(최재목, 2003). 주자학은 성즉리설을 펼치며 성을 본성인 본연지성(本然之性)으로, 기의 지배를 받는 마음은 기질지성(氣質之性)으로 나누었다. 주자학은 이(理)와 기(氣), 본성(本性)과 마음(心)을 둘로 나누어 본성은 천리(天理)로 마음은 기의 작용이라고 보았다(정인재, 2014). 결국 주자학은 마음이 이가 될 수 없기에 마음 밖의 사물에서 이치를 궁구하여 천리를 구한다.

양명의 심즉리설은 이기(理氣)를 하나로 본다. 이는

본성과 마음을 둘로 보지 않는다는 것을 의미하며 나아가 마음이 곧 본성인 천리와 같다고 본 것이다. 사람의 마음에 천리가 잠재되어 있으니 천리는 마음 밖의 사물을 궁구하여 얻을 것이 아니라 내 마음에서 구할 수 있다고 보았다. 양명은 심과 이의 일치를 강조하기 위해 다음과 같은 말을 한다.

내가 지금 심즉리를 주장하는 까닭은 세인들이 심과 이를 둘로 나누어 생각하기 때문에 여러 가지로 폐해를 발생시키고 있는 데에 있다. 예를 들면 오패(五霸)가 이적(夷狄)을 격퇴하고 주(周) 왕실을 존중한 것은 모두 사심에 따른 것으로서 이(理)에 합치되지 않는 것이다. 그런데도 사람들은 그들의 행동은 이에 합당하며 다만 심에 아직 순수하지 못한 것이 있을 뿐이라고 말하면서, 왕왕 기쁘게 그들의 소행을 흠모하여 겉모양만을 보기 좋게 꾸미려 하기 때문에 오히려 심과는 전혀 상관이 없게 된다. 심과 이를 나누어서 두 가지로 한 것이다. 유폐(流弊)가 패도(霸道)의 거짓됨에 이르렀는데도 스스로 알지 못한다. 그러므로 나는 '심즉리'라는 것을 주장하여, 사람들에게 심과 이는 하나

라는 것을 알리고, 심에 관하여 공부를 하게 하여, 의
(義)를 밖에서 느닷없이 구하지 않게 하려는 것이다.

〈전습록 하권, 최재목, 2003, p.119〉

양명은 어떤 행위가 이치에 합당한 일이라 하더라도
일정한 도덕적 기준에 따르지 않고 사욕에 이끌려 이루
어진 것이라면 적절하지 않다고 보았다. 그리고 이러한
도덕적 행위를 밖에서 구할 것이 아니라 인간의 마음에
내재된 천리에 비추어 구할 것을 강조하였다.

양명의 제자 서애(徐愛)는 스승에게 "지극한 선(善)을
마음에서만 구한다면 아마 천하의 일들을 다 해낼 수 없
을 것 같습니다."라고 묻는다. 주변 사물에서 객관적인
진리를 구하는 주자학에 익숙한 사람들에게 마음에서
천리를 구할 수 있다는 양명의 주장은 받아들이기 어려
운 부분이 많았다. 이에 양명은 다음과 같이 말한다.

마음이 곧 이치(理)이다. 천하에 마음 밖의 일이 있
고, 마음 밖의 이치가 있겠는가? …… 아버지를 섬기
는 일의 경우, 아버지에게서 효도(孝)의 이치를 구할

수 있는 것이 아니다. 임금을 섬기는 일의 경우, 임금
에게서 충(忠)의 이치를 구할 수 있는 것이 아니다.
…… 모두가 다만 자기의 마음에 달려 있을 뿐이다. 마
음이 곧 이치인 것이다. 이 마음이 사사로운 욕심으로
가려져 있지 않다면 그것이 바로 천리인 것이니, 마음
의 바깥에서 조금도 더 보탤 것이 없다. 이렇게 천리에
순일해진 마음을 아버지를 섬기는 데 발휘하면 그것이
곧 효이며, 임금을 섬기는 데 발휘하면 그것이 바로 충
이다.

〈전습록 상권, 최재목, 2003, p. 266〉

양명은 당시 천리로 널리 인식된 '효'와 '충'을 예로 들
어 심즉리설을 설명하였다. 부모에 대한 효와 임금에 대
한 충 모두 마음에서 비롯된 것이지 사물에서 구할 수
있는 것이 아니라고 보았다. 내 마음에서 사욕을 버리고
천리를 밝혀 이를 세상의 온갖 사물에 비춰 이치로 발현
하는 것이다. 양명은 『전습록』 상권에서 다음과 같이 말
한다.

[마음은] 텅 비었으면서도 영묘하고 어둡지 아니하

다(虛靈不昧). 온갖 이치가 갖추어져서 수많은 일이 나온다. 마음 바깥에 이치가 없고, 마음 바깥에 일이 없다(心外無理, 心外無事).

〈전습록 상권, 최재목, 2003, pp. 266-267〉

양명의 "마음 바깥에 사물이 없다(心外無物)." "마음 바깥에 이치가 없다(心外無理)." "마음 바깥에 일이 없다 (心外無事)."는 심즉리설은 주자학을 공부하는 많은 학자의 비판을 받았다. 양명의 친구 또한 의문을 품고 회계산에서 양명과 함께 산책을 하며 다음과 같은 대화를 나누었다.

선생이 남진에서 노닐 때, 한 친구가 바위틈에 피어 있는 꽃나무를 가리키며 이렇게 물었다. "천하에 마음 밖에는 물(物)이 없다고 하는데, 이 꽃나무의 꽃은 깊은 산속에서 저절로 피었다가 저절로 떨어지네. 나의 마음과 무슨 상관이 있는가?"

선생이 다음과 같이 말했다. "자네가 아직 이 꽃을 보지 못하였을 때는 이 꽃이 자네의 마음과 함께 '고요한 상태'에 돌아가 있었다(歸於寂). 자네가 이 꽃을 보았을 때는 이 꽃의 색깔이 일시에 또렷해졌다. 이것을 보면 이 꽃이 자네의 마음 밖에 있지 않음을 알 수 있다."

〈전습록 하권, 최재목, 2003, p. 256〉

꽃을 보기 전엔 관찰자와 꽃은 아무런 상관없이 각자 존재한다. 양명의 친구가 말하였듯이 관찰자와 관계없이 깊은 산속에서 저절로 피었다가 저절로 떨어질 뿐이다. 이는 마음의 작용이 나타나지 않은 미발(未發)의 상태이다. 관찰자와 꽃은 서로 상관없이 고요한 상태에 있는 것이다. 하지만 관찰자가 꽃에 마음을 주면 작용이 나타나 이발(已發)의 상태가 된다. 그제야 비로소 관찰자의 마음에 꽃이 들어와 관계를 맺게 되는 것이다. 칠흑같이 어두운 밤에도 사물은 그 자리에 존재한다. 단지 인식하지 못할 뿐이다. 아침이 되어야 비로소 태양이 뜨고 사물이 그 자리에 있음을 알게 된다. 우리 마음속의 양지는 태양처럼 사물이 그 의미를 드러낼 수 있도록 비춰 주는 것이다.

양명은 "우리의 몸(身), 마음(心), 뜻(意), 앎(知), 사물(物)이 한 가지임을 알아야 한다."고 하였다(최재목, 2003). 양명은 우리 몸, 마음, 뜻, 앎, 사물을 하나로 묶어 인식하는 주체를 양지로 보았다. 양지의 발현으로 세상의 온갖 사물이 '나'와 하나가 된다. 우주 만물을 '나'로 인식함으로써 나무 한 그루, 풀 한 포기가 느끼는 감정과 고통도 나의 것으로 받아들이고 함께 교감하고 사랑할 수 있게 된다.

2) 지행합일설

양명은 용장에서 심즉리설을 깨닫게 된 이듬해에 지행합일설(知行合一說)을 논하기 시작한다. 주자는 지와 행을 둘로 나누어 먼저 알고 나중에 행한다는 선지후행(先知後行)의 입장을 취했다. 주자는 앎과 행위에 대하여 다음과 같이 말한다.

지(知)와 행(行)은 항상 서로를 필요로 한다. 눈은 [바라볼 순 있어도] 발이 없으면 나아갈 수 없고, 발은

[걸어갈 순 있어도] 눈이 없으면 볼 수 없는 것과 같
다. 선후를 논한다면 지가 먼저이고 경중을 논한다면
행이 무거운 것이다.

〈주자어류 권 9, 최재목, 2003, p.132〉

주자는 앎을 우선으로 하고 뒤이어 행위가 따르는 주
지(主知)적 경향을 보인다. 반면, 양명의 입장은 다르다.
주자의 입장처럼 지식을 쌓고 이를 실천하는 것이 아니
라, 무엇에 대해 아는 것과 대상에 대한 지식, 감정, 태
도, 생각 등을 모두 행위로 보고 하나로 보았다.

주자는 우리 마음속의 생각과 행동을 둘로 나누어 보
았다. 예컨대 어떤 사람이 길에 아주 귀중한 보석이 떨
어져 있는 것을 보고 '다른 사람 모르게 보석을 줍자.'라
는 생각을 한다. 그러나 이내 선악을 판단하여 자신의
생각을 행동에 옮기지 않으면 이는 이치에 어긋나지 않
은 것이다. 반면에 양명은 어떤 사람이 귀중한 보석을
보고 이를 갖고 싶다고 생각하는 행위가 일어나는 것
자체를 문제시하였다. 양명은 『전습록』 하권에서 다음
과 같이 말한다.

지금 사람들의 학문은 단지 지행을 나누어서 두 가지이기 때문에 일념(一念)이 발동할 적에 비록 그것이 불선(不善)이라고 하더라도 아직 행해지지 않았다면, 제거하여 금지하지 아니하는 경우가 있다. 내가 지금 이 지행합일을 설하는 것은 바로 사람들에게 일념의 발동이 곧 행하는 것이 됨을 깨닫고, [마음의] 발동에 불선이 있으면 곧 이것을 극복해서 철저하게 그것이 가슴속에 잠복해 있지 않기 위해서이다.

〈전습록 하권, 최재목, 2003, p.134〉

　　양명은 주자와 달리 마음속에 '악'이 발동하는 것부터 행위로 본다. 때문에 이러한 의념이 나타나는 즉시 그 악의 근원을 찾아 뿌리 뽑아 마음을 올바르게 하여 내 마음을 천리와 일치시켜야 한다고 주장하였다. 이러한 수양이 거듭되면 결국 내 마음이 천리에 이른다고 본 것이다.

　　주자학에 익숙한 양명의 제자들은 지행합일설을 이해하기가 쉽지 않았다. 알고도 행하지 않는 경우가 도처에 너무도 많기에 앎과 행위는 둘로 나뉠 수밖에 없

다고 보았다. 양명과 제자들은 지행합일에 대해 다음과
같이 이야기한다.

서애가 말하였다. "어떤 사람이 부모에게 효도해야
하고 형에게는 공손해야 한다는 것을 설령 다 알고 있
다 하더라도 도리어 효도하지 못하고 공손하지 못합니
다. 바로 이것이 앎(知)과 행위(行)가 분명히 두 가지
일인 것입니다."

선생이 말했다. "이것은 이미 사욕(私欲)에 의하여
[지와 행이] 가로막혀 끊어진 것이지 지행의 본체가
아니다. 아직까지 알면서 행하지 않은 사람은 없었다.
알면서도 행하지 않는 것은 아직 알지 못한 것일 뿐이
다. 성현이 사람들에게 지행을 가르친 것은 바로 그 본
체를 회복하려고 했기 때문이다."

〈전습록 2, 정인재, 2014, p. 195〉

양명은 앎을 얻었다고 판단하는 '지각'을 본체로 생각
하지 않는다. 양명에게 있어 본체는 '양지'이다. 보통사
람의 양지는 사욕에 의해 가리어져 있기 때문에 천리를
머리로 이해해도 사사로운 욕심에 의해 행동으로 옮기

지 못한다. 양명에게 있어 진정한 '앎'이란 마음속의 내재된 양지를 깨닫고 실현하는 것이다. 이렇게 실현된 양지를 따르는 사람은 애써 노력하지 않아도 양지에 따라 도덕적인 행위를 실천한다. 그제야 비로소 앎과 행위가 하나가 된다.

지식은 지각에 의하여 파악된 인식적인 의미에서의 앎이기 때문에 행위와 분리될 수밖에 없다(정인재, 2014). 오히려 잘못된 지식으로 인해 우리 사회에 더 큰 폐단을 불러오기도 한다. 부패한 법률가는 법의 허점을 교묘히 이용하여 온갖 범죄를 저질러도 그가 지닌 전문 지식 덕분에 처벌을 면할 수 있다. 부패한 의사가 의학 지식을 악용하여 국민의 건강을 해치고 사리사욕을 채우는 경우도 비일비재하다. 양명은 "많이 알수록 못된 짓을 행하고 견문이 넓어질수록 말을 마음 내키는 대로 하며, 문장이 풍부할수록 거짓을 꾸며 댄다."고 하였다(정인재, 2014). 양명은 이러한 지식의 허울에서 벗어나 마음의 본체인 양지를 실현하면 행위는 자연히 따라온다고 보았다. 양명의 지행합일은 치양지의 목적이자 방법론으로서 양명의 사상을 보다 체계적이고 정교하게 가다듬어 준다.

3) 친민설

양명은 제자 서애와 배를 타고 가는 도중에 제자에게 『대학』에 대한 새로운 해석을 말해 주었다. 『대학』은 『예기』의 한 편으로 옛 것을 『고본대학(古本大學)』이라고 한다. 주자는 이에 본인의 해설을 넣어 새로 편집하는데 이를 『신본대학(新本大學)』이라고 한다. 주자는 "『대학』의 친민(親民)의 '친'을 '신(新)'으로 고쳐 『대학』은 '백성의 마음을 새롭게 하는 것'을 정치의 긴요한 도리로 한다."고 하였다(최재목, 2003). 주자는 『대학장구집주』에서 '신민(新民)'에 대하여 다음과 같이 말했다.

새롭다는 것은 그 낡은 것을 갈아치우는 것을 말한다. 이미 그 밝은 덕을 밝히는 데서부터 말하였고 또 이것을 남에게까지 미루어 가서 이것으로 낡은 것에 물든 더러움을 제거함이 있도록 한 것이다. 머무른다(止)는 것은 반드시 이곳에 이르러야 하고 다른 데로 옮겨가지 않아야 한다는 뜻이다. 지극히 선함(至善)은 사리(事理)가 마땅히 그래야 하는 극치이다. 밝은 덕을 밝히고(明明德) 백성을 새롭게 하는 것(新民)은 모두 지선(至善)의 경지에 이르러서 옮겨가지 않아야 함을 말한 것이다.

〈대학장구집주, 정인재, 2014, p. 89〉

주자의 신민은 백성들의 낡은 것에 물든 더러움을 갈아치우는 것을 말한다. 이것은 덕을 밝힌 지도자(士)가 일반 백성(農工商)을 계몽하여 낡은 구습을 버리고 새로운 백성이 되도록 한다는 의미이다(정인재, 2014). 주자는 백성을 낡은 관습을 버리고 새롭게 탈바꿈 해 줘야 할 타율적 존재로 바라본다. 하지만 양명은 백성은 스스로 새로워지는 능동적 존재로 본다. 양명은 제자 서애와의 대화에서 다음과 같이 말한다.

서애가 질문하였다. "대학의 '친민에 있다(在親民).' 에 대하여 주자는 '신민(新民)이 되어야 마땅하다.'고 말했는데 이것은 뒷장의 '새로운 백성을 만들라(作新

民).'는 문구에 비추어 본다면 역시 근거가 있는 듯합니다. 그러나 선생께서는 옛날 판본에 따라 '친민'이 되어야 한다고 보시는 데 역시 근거하는 것이 있습니까?"

선생이 대답하였다. "새로운 백성을 만드는 것(作新民)은 스스로 새로워지는 백성(自新之民)이라는 의미로 신민에 있다는 것(在新民)의 신(新)과는 같지 않다. …… 백성이 좋아하는 것을 좋아하고 백성이 싫어하는 것을 싫어한다. 이것을 백성의 부모라고 한다와 같은 부류는 모두 친(親)자의 뜻이다. …… 예컨대 공자가 말한 '자기를 닦아서 백성을 편안하게 한다.'에서 자기를 닦는다는 것은 곧 '밝은 덕을 밝힌다(明明德).'는 것이며 백성을 편안하게 한다는 것은 곧 백성을 친하게 여긴다(親民)는 뜻이다. '친민'이라고 말하면 '가르친다(敎).'와 '양육한다(養).'는 의미를 겸하게 되지만 '신민'이라고 말하면 '가르친다.'라는 쪽에 치우친 감이 있다."

〈전습록 상권, 정인재, 2014, p. 90〉

양명은 신민을 '스스로 새로워지는 백성'이라는 의미로 해석한다. 주자와 달리 백성은 주체성을 갖고 스스로를 발전시켜 나갈 수 있는 자율적인 존재로 보고 있다. 양명의 친민은 지도자가 자율적인 백성을 부모와 같은 마음으로 가르치고 기르는 데 의미가 있다.

주자학에서 '명명덕(明明德)'과 '신민(新民)'의 주체는 모두 지도자이지만 목적은 각각 '자기 자신'과 '백성'으로 갈린다. 지도자는 자신의 수양을 위해 '명명덕'하며, 백성을 깨끗하고 새롭게 탈바꿈시키기 위해 '신민'한다. 주자학에서 '명명덕'과 '신민'은 완전히 성질이 다른 별개의 사상이다. 하지만 양명학에서 '명명덕'과 '친민'은 상호 간에 깊은 관계를 맺고 있다. 공자가 말한 '자기를 닦아서 백성을 편안하게 한다.'처럼 '명명덕'은 지도자 혹은 백성이 스스로를 갈고 닦는 수양법으로서, '친민'은 '명명덕'의 결과로서 기능한다.

양명은 자신의 사상이 원숙해져 갈수록 세상 사람들이 겪는 고통에 마음 아파했다. 다른 사람의 비웃음을 사더라도 자신의 깨달음을 전하여 그들을 고통 속에서 구제하고자 하였다. 그의 절절한 심정은 섭문울(攝文蔚)에게 답한 편지에 잘 담겨 있다.

사람이란 천지(天地)의 마음이고, 천지의 만물은 본래 나와 한 몸이다. 생민(生民)들의 곤궁함과 고통이 어느 것인들 내 몸의 절실한 아픔이 아니겠는가? 내 몸의 아픔을 모르는 자는 옳고 그름을 분별하는 마음(是非之心)이 없는 사람이다. 옳고 그름을 분별하는 마음이란 생각하지 않고도 알고, 배우지 않고도 능하게 되는 양지라는 것이다. 사람에게 있는 양지는 성인(聖人)과 우인(愚人)의 차이가 없고, 천하고금에 다 같은 것이다. 세상의 군자들이 오로지 그 양지를 이루도록 힘쓴다면 자연히 옳고 그름을 공정하게 분별하고, 좋고 싫음을 함께하며, 다른 사람을 자신처럼 대하고, 국가를 가정처럼 대하여 천지만물을 일체로 여기게 될 것이니 천하가 잘 다스려지지 않을 수 없다.

......

　나는 진실로 하늘의 영묘함에 힘입어 우연히 양지의 학문을 깨닫고 반드시 이것에 의존해야만 세상이 잘 다스려질 수 있다고 생각하게 되었다. 그리하여 항상 세상 사람들의 고통을 생각할 때마다 슬프고 마음이 아파 자신의 어리석음을 망각한 채 이 학문으로써 그들을 구제하려 생각하였으니 이 또한 나의 역량을 모르는 것이리라. 세상 사람들은 이러한 나를 보고 오히려 비웃고 배척하며, 내가 미쳤거나 정신이 나간 것으로 여기기도 한다. 그러나 이것이 무슨 걱정이겠는가?

〈전습록 하권, 최재목, 2003, pp. 309-310〉

양명은 백성들을 교화의 대상으로 여기지 않는다. 오히려 백성의 고통을 자신의 아픔으로 인식하지 못하고 자신과 구분하여 가르치려고만 드는 기존의 지식인들을 비난한다. 양명은 성인과 우인으로 구분하지 않고 모든 사람을 마음속에 양지를 간직한 평등한 인격체로 인식한다. 그리고 양지라는 무궁무진한 가능성을 품고도 이를 깨닫지 못하고 고통 받는 사람들을 안타까워한다.

양명의 친민설은 백성을 내 한 몸처럼 절절히 받아들이는 것에서 한 단계 더 나아가 우주만물을 내 몸으로 인식하는 것으로 확장된다. 양명은 "백성을 친애하는 것(親民)이 무엇입니까?"라는 질문에 아래와 같이 답한다.

밝은 덕을 밝힌다는 것은 천지만물 일체의 [인(仁)

의] 본체(體)를 세우는(立) 것이고, 백성을 친애한다는 것(親民)은 천지만물 일체의 [인(仁)의] 작용(用)을 널리 이르도록(達) 하는 것이다. 그러므로 밝은 덕을 밝히는 것은 반드시 백성을 친애하는 데 있으며, 백성을 친애한다는 것은 밝은 덕을 밝히는 방법인 것이다. …… 임금과 신하, 남편과 아내, 친구 사이에서부터 산천, 귀신, 조수, 초목에 이르기까지 실로 친애하여 나의 일체의 인(仁)을 널리 이르도록 하지 않음이 없다. 그러한 뒤에 나의 밝은 덕이 비로소 밝아지지 아니함이 없고 참으로 천지만물을 일체로 할 수가 있다.

〈전습록 하권, 최재목, 2003, p. 316〉

양명은 민(民)을 '부자·형제·군신·부부·붕우'에서 '산천·귀신·조수(鳥獸)·초목'에 이르는 '인간을 포함한 천지만물'로 보고 이 모든 것을 친애하는 것이 '친민'이라고 한다(최재목, 2003). 양명의 친민론은 '백성'에 대한 사랑'에서 '천지만물'에 이르고 있다.

4) 만물일체론

주자학은 사물을 하나하나 쪼개어 각각을 궁리하여 이치를 쌓아 갔다. 이렇게 얻은 진리를 바탕으로 깨달음을 얻고자 하였다. 주자학에 있어서 사람들은 이치를 구하기 위한 객관적 사물에 지나지 않는다. 주자학에서 백성이란 가르치고 새롭게 해 줘야 할 '신민'이다.

반면, 양명은 마음속의 양지를 일깨워 이를 세상 만물에 널리 닿게 하여 백성들과 더불어 자라기를 바란다. 때문에 양명에게 백성이란 가르치고 길러야 할 제 자식과 같은 '친민'의 대상이다. 양명은 이러한 그의 사상을 더욱 발달시켜 천지만물을 친애할 대상으로 삼는다. 『전습록』 하권에서 다음과 같이 논한다.

주본사(朱本思)가 물었다. "사람에게 허령(虛靈)함이 있기 때문에 바로 양지가 있다고 하겠습니다만 풀, 나무, 기와, 돌과 같은 것에도 역시 양지가 있을까요?"
선생이 말했다. "사람의 양지는 곧 풀, 나무, 기와, 돌의 양지이다. 풀, 나무, 기와, 돌은 사람의 양지가 없다면 풀, 나무, 기와, 돌일 수가 없다. 어찌 풀, 나무, 기와, 돌만이 그렇다고 하겠는가? 천지도 사람의 양지가 없다면 역시 천지일 수가 없다. 생각건대 천지만물과 인간은 원래 한 몸(一體)인 것이다. [이목구비와 같은] 감각기관의 발동(發動)이 가장 정묘한 것, 이것이 사람 마음에 있는 하나의 영명(一點靈明, 양지)인 것이다. 바람, 비, 이슬, 우레, 해, 달, 별, 짐승, 풀, 나무, 산, 시내, 흙, 돌은 사람과 원래 한 몸이다. 그러므로 오곡(五穀), 짐승(禽獸)과 같은 것은 모두 사람을 기를 수 있고, 약석(藥石)과 같은 것은 모두 질병을 치료할 수 있는 것이다. [이것은] 하나의 기운(一氣)으로서 서로 통하고 있음(相通)을 말해 주는 것이다."

〈전습록 하권, 최재목, 2003, pp. 310-311〉

양명은 양지를 통해 천지만물이 인간과 한 몸을 이룬다고 본다. 그 근거로 오곡과 금수로 우리 몸을 기를 수 있고, 아플 때는 약석으로 우리를 치료할 수 있음을 들었다. 양명의 설명에 의구심을 품은 제자가 재차 질문을 하고 양명은 양지와 만물과의 관계에 대해 대화한다.

[제자가] 물었다. "사람 마음(人心)과 사물(物)은 동체(同體)라고 하는 말씀을 들었습니다. 만약 내 몸이라면 원래 혈기가 유통하는 것이므로 이것을 동체라고 말할 수 있겠습니다. 그런데 남일 것 같으면 몸을 달리하며, 짐승이나 풀과 나무 같은 경우는 더더욱 [관계가]멀어집니다. 그런데도 어찌 동체라고 합니까?"

선생이 말했다. "[사람의 마음과 사물이] 감응하는 기미에서 생각해 보아라. 어찌 짐승, 풀과 나무뿐이겠는가? 하늘·땅이라 하더라도 나와 동체인 것이며 귀신이라 하더라도 나와 동체인 것이다."

[제자가] 물었다. "왜 그렇습니까?"

선생이 말했다. "자네는 이 천지 사이에서 무엇이 천지의 마음이라고 생각하는가?"

[제자가] 대답했다. "일찍이 사람이 천지의 마음이라고 들었습니다."

[선생이 다시] 물었다. "사람에게는 또 무엇이 마음이라고 생각하는가?"

[제자가] 대답했다. "단지 이 한 개의 영명(一箇靈明)일 뿐입니다."

선생이 말했다. "하늘과 땅이 꽉 차 있는 가운데 이 영명이 있음을 알아야 한다. 사람은 다만 형체로 인해서 자연히 [천지만물과] 간격이 생긴다. 나의 영명은 천지 귀신의 주재이다. 하늘은 나의 영명이 없다면 그 높음을 누가 우러러 볼 것인가? 땅도 나의 영명이 없으면 누가 그 깊음을 굽어볼 것인가? 귀신도 나의 영명이 없으면 누가 그 길흉과 재상(災祥)을 분별할 것인가? 나의 영명을 떠나서는 천지, 귀신, 만물은 존재할 수 없는 것이다. 이와 같이 [사람과 천지, 귀신, 만물은] 일기(一氣)가 유통하는 것이다. 어찌 남과 간격이 있겠는가?"

〈전습록 하권, 최재목, 2003, pp. 311-312〉

양명은 영명(靈明) 즉, 양지를 통해 천지만물을 인식하고 교감할 수 있다고 한다. "마음 바깥에 사물이 없다(心外無物)" "마음 바깥에 이치가 없다(心外無理)" "마음 바깥에 일이 없다(心外無事)"는 심즉리설의 대표적인 구절을 바탕으로 천지 만물이 나와 하나임을 설명하고 있는 것이다.

모든 생물은 자연에서 얻은 양식으로 생활하고 생명이 다하면 몸은 다시 자연의 일부로 돌아간다. 지구상의 모든 생명은 하나의 유기체로서 서로가 서로에게 영향을 주며 살아간다. 인간의 이기심으로 행해진 파괴행위는 자연재해, 이상기후, 원인 불명의 질병으로 오롯이 우리에게 다시 돌아오기 마련이다. 양명의 사상은 이러한 현대사회의 단면에 경종을 울리고 있다.

2. 인간 변화의 원리

1) 격물치지

격물치지는『대학』에 처음 등장하며 유학의 대표적인 자기수양 방법이다.『대학』의 문구를 살펴보면 다음과 같다.

옛날에 명덕을 천하에 밝히려는 사람은 먼저 그 나라를 다스리고 나라를 다스리려고 하는 사람은 먼저 그 가정을 가지런히 하고 그 가정을 가지런히 하려는 사람은 먼저 그 자신을 닦고 그 자신을 닦으려고 하는 사람은 먼저 그 마음을 바르게 하고 그 마음을 바르게 하려는 사람은 먼저 그 의지를 참되게 하고(誠意) 그 의지를 참되게 하려는 사람은 먼저 그 앎을 실현[또는 넓히고]하고(致知) 그 앎을 실현[넓히는]하는 데는 일을 바로잡는 데 [또는 연구하는 데](格物) 있다.

〈대학, 정인재, 2014, p. 118〉

주자는 『대학』의 장구를 나누어 앞의 7단락은 증자(曾子)가 공자의 말씀을 기록한 경(經)으로, 나머지 10장은 문인이 증자의 뜻을 해설한 전(傳)으로 보았다. 특히 '경'을 해설한 팔조목(八條目) 중에서 격물치지에 대한 전(傳)이 없어졌다고 생각하여 아래와 같이 직접 해설을 쓴다.

이른바 지식을 넓히는 것이 사물을 연구하는 데 있다는 것은 나의 지식을 넓히려고 하면 사물에 다가가서 그 이치(理)를 끝까지 캐묻는 데 있음을 말한다. 대개 인간 마음의 영특함은 지각(知)을 가지고 있지 않음이 없고 천하의 사물은 이치를 가지고 있지 않음이 없다. …… 힘을 씀이 오래되어 어느 날 하루아침에 환하게 툭 트이어 관통함에 이르면 많은 사물의 외면과 이면, 자세함과 대강이 내 마음에 이르지 아니함이 없고 내 마음의 온전한 본체와 큰 작용이 밝혀지지 않음이 없을 것이다. 이것을 일러 사물의 [이치가] 궁구되었다고 하는 것이며 이것을 일러 지각의 지극함이라 하는 것이다.

〈대학장구집주, 정인재, 2014 p. 118~119〉

주자는 사물의 이치에 대하여 끊임없이 궁리하면 그 사물에 대한 앎을 얻을 수 있다고 생각하였다. 이렇게 각기 다른 사물에 대하여 끊임없이 궁리하면 여러 사물에 대한 앎이 쌓여 나갈 것이다. 이를 끊임없이 반복해 나가면 궁극에는 새로운 차원의 깨달음을 얻고 성인이 될 수 있다고 생각하였다.

주자의 격물학		도달점
격물궁리	치지	
A의 이치(理)탐구	A의 앎(知)의 확대	
+	+	
B의 이치(理)탐구	B의 앎(知)의 확대	전체적,
+	+	고차원적인
C의 이치(理)탐구	C의 앎(知)의 확대	비약의 경지
+	+	
…	…	
∞	∞	
개별적이며 낮은 단계의 부단한 탐구 작업		

그림 1 주자의 격물학

출처: 최재목(2003).

양명은 주자학이 외부에서 탐구한 이치를 바탕으로
나의 앎을 확장해 가는 방식에 회의를 품고 있었다. 양
명은 『전습록』 중권의 「답고동교서(答顧東橋書)」에서 다
음과 같이 자신의 생각을 말한다.

주자의 이른바 격물이란 '사물에 이르러 그 이치를

탐구하는 데 있다'는 것이다. 사물에 이르러 이치를 탐
구한다는 것은 사사물물에서 이른바 정리(定理)를 탐
구하는 것이다. 이것은 나의 마음이 이치를 사사물물
속에서 구하는 것으로서 마음과 이치가 두 가지로 나
누어진 것이다.

〈전습록 중권, 최재목, 2003, p. 117〉

나의 마음과 사물의 이치를 나누어 공부함으로써 결
국 둘이 나뉘어 사물의 이치가 나에게 와닿지 않는다는
것이다. 이어 주자의 입장과 달리하는 자신의 학문수행
법을 제시한다.

나의 치지격물(致知格物)은 나의 마음의 양지를 사
사물물에 다하는 것이다. 내 마음의 양지는 이른바 천
리이다. 내 마음의 양지, 곧 천리를 사사물물에 다하면
사사물물은 모두 그 이치를 얻게 된다. 내 마음의 양지
를 이루는 것이 치지이다. 사사물물이 모두 그 이치를
얻는 것은 격물이다. 이것이 마음과 이치를 합하여 하
나로 되는 것이다.

〈전습록 중권, 최재목, 2003, p. 118〉

주자의 격물치지는 사물의 이치에서 나의 앎을 찾는다. 하지만 양명의 입장은 정반대다. 나의 마음에 비추어 사물의 이치를 얻을 수 있다고 보았다. 나의 마음을 똑바로 하여 모든 사물(事事物物)에 이르면 그곳에서 모두 이치를 찾을 수 있으며 이를 격물치지라고 보았다.

2) 성의

양명은 자신을 연마하는 공부 방법으로 뜻을 성실히 하는 성의(誠意) 공부를 강조하였다. 양명은 다음과 같이 말한다.

> 나는 최근 붕우와 학문을 논하는 경우에는 단지 성을 세우는 것(立誠)을 말할 뿐이다. 사람을 죽이는 데에는 목에다 칼을 대지 않으면 안 된다. 우리들의 학문함도 마땅히 마음에 근본(心髓)의 미묘한 바에서 힘쓰도록 해야 한다. 그러면 학문은 자연히 착실하게 되고 사욕의 맹아가 있어도 큰 화로에 눈을 넣은 것과 같이 바로 사라져서 천하의 근본이 되는 도가 확립된다.
> 〈양명전집 4권, 최재목, 2003, p. 158〉

성(誠)은 하늘의 성실성을 표현한 것으로 인간은 하늘의 지극히 성실하여 쉼 없는 활동을 닮으려고 노력하는 존재이다(최재목, 2003). 주자학은 성인이 되는 공부를 마음을 고요하고 엄숙하게 다스리는 거경과 외부의 객관적인 사물에서 이치를 구하는 궁리로 나뉜다. 거경과 궁리는 차의 두 바퀴, 새의 두 날개처럼 잘 궁리한다면 거경 공부는 나날이 진척되고, 잘 거경한다면 궁리 공부가 나날이 세밀하게 된다고 보았다(최재목, 2003).

주자는 경(敬)에 대하여 "성현의 학문은 철두철미 하나의 경뿐이다. 지식을 넓히는 것(致知)은 경으로 치지하는 것이며 힘써 행하는 것(力行)은 경으로 실행한다."(『주희집』상권)라고 하여 성학(聖學)의 실천이 '경' 공부에 있음을 강조하였다(정인재, 2014). 하지만 양명은 '성의'를 주로하면 '경'이라는 글자를 덧붙일 필요가 없다고 보았다. 양명은 '성의'에 대하여 다음과 같이 말한다.

대학의 공부는 명덕을 밝히는 것인데 명덕을 밝히는

것은 단지 성의이며 성의 공부는 격물치지일 뿐이다. 성의를 중심에 두고 격물치지의 공부를 하면 공부는 손을 댈 수가 있다. 만일 신본(주자가 편집한 『대학』) 의 체계처럼 사물의 이치를 먼저 궁구하려고 하면 아득하여 손댈 곳이 없어서 경자를 첨가해야만 겨우 몸과 마음의 영역으로 끌어올 수 있다. 그러나 결국 근원이 없다. 반드시 경자를 첨가해야만 한다면 왜 공문(공자의 글)에서는 가장 긴요한 한 글자를 빠트린 채 천여 년 뒤의 사람이 보충해 주기만 기다렸겠는가? 성의를 중심에 두면 경자를 첨가하지 않아도 되기 때문에 성의를 거론하여 논의를 폈던 것이다. 이것이 바로 학문의 요체이다. …… 대학의 공부는 오직 성의일 뿐이며 성의의 궁극은 지선(至善)이다.

〈전습록 상권, 정인재, 2014, p. 104〉

양명은 대학의 공부는 성의를 중심으로 이루어진다고 보았다. 격물치지는 원래 전(傳)이 없었는데 주자가 『대학신본』을 만들면서 이를 보충하며 보전을 만들어 격물치지를 위한 '거경궁리'를 강조한 것이다. 애초에 '경'이 없다면 『대학』에 따라 '성의'에 집중하면 될 일이다.

성의(誠意) 공부는 '명덕을 밝히는 것'으로 양명의 입장에서 명덕은 이미 사람의 마음속에 내재되어 있는 이른바 양지(良知)이다. 내 마음속의 양지를 자각하고 이를 성실히 수행하는 것이 성의 공부인 것이다. 양명은 초기에 성의설을 중심으로 공부법을 강의하나 후기로 갈수록 점차 치양지로 옮겨 간다. 그러나 양지 역시 의(意)의 본체라는 점에서 여전히 '의'의 위상은 흔들리지 않는다(정인재, 2014).

3) 치양지설

양명은 수신의 방법으로 성의를 매우 중요하게 여겼다. 양명은 『대학고본서』를 수정하던 초기에 선을 좋아하고 악을 미워하려는 의지(誠意)가 선을 행하고 악을 버리는 격물공부를 주재해야 그 공부가 실효를 가질 수 있다고 생각하여 성의를 중심으로 대학의 공부법을 해석한다(정인재, 2014).

그러나 양명이 성의를 중심으로 해석한 『대학』 공부에 '치지(致知)'에 대한 언급이 없다며 주자학자 나정암

(羅整庵)의 비판을 받게 된다. 이에 대하여 제자 진구천(陳九川)과 대화하며 치양지설(致良知說)을 논한다.

경신(정덕 15년)에 건주에 가서 다시 선생을 뵙고 구천이 질문하였다. "요즘 공부에 있어서 근본을 조금 알 듯 합니다. 그런데 마음이 온화·유쾌한 것을 구하기 힘듭니다."

선생이 말했다. "자네가 마음속에 하나의 천리를 구하고자 하는 것이 도리어 이치의 장애(理障)가 된다. 여기에 대단히 중요한 것이 있다."

구천이 말했다. "어떤 것입니까?"

선생께서 말씀하였다. "다만 앎을 실현하는 것(致知)일 뿐이다."

구천이 말하였다. "어떻게 앎을 실현합니까?"

선생께서 말씀하셨다. "그대의 한 점의 양지가 그대 자신의 준칙이다. 양지는 그대 생각(意念)이 닿아 있는 곳에서 옳으면 옳다고 알아차리고 그르면 그르다고 알아차리므로 이 양지를 조금도 속일 수 없다. 그대가 단지 양지를 속이려 하지 않고 확실하게 있는 그대로 양지에 의지하여 실행하기만 하면 선은 곧 간직되고

악은 곧 제거될 것이다. 그러한 것이 얼마나 온화·유쾌
한가? 이것이 바로 격물의 참된 비결이며 치지의 실질
적 공부이다."

〈전습록 하권, 정인재, 2014, p. 232〉

진구천이 마음에서 하나의 천리를 구하는 것은 주자
학의 '격물'에 해당한다. 마음과 본성을 나누어 마음을
궁구하여 이치를 찾는 것이다. 하지만 양명은 이것이 오
히려 이치에 장애가 된다고 한다. 그리고 양명은 제자에
게 '치지'하는 방법을 설명하며 치지의 '지'를 자신이 오
랜 경험으로 직접 체득한 '양지'로 바꾼다. 양지는 우리
안에 내재된 절대적인 도덕 기준이며 유학에서 말하는
'천리'에 해당한다. 어떤 생각이 양지에 닿으면 주체적
으로 시비선악을 판단해 주기 때문에 양지에 따라 행동
하면 자연히 천리에 따라 살 수 있다. 양지는『맹자』의
「진심」편에 나오는 "사람들이 배우지 않아도 능한 것은
양능(良能)이요, 생각하지 않고도 아는 것은 양지이다."
에서 '양능'과 '양지'를 합한 개념이다(최재목, 2003).

용장에서 심즉리를 깨달은 양명은 학문에 뜻을 둔 이

들에게 '존천리거인욕(存天理去人欲)'을 강조한다. 하지만 "천리가 무엇입니까?"라는 제자의 질문에 구체적으로 답변하지 않았다. 양명은 이후 오랜 고민 끝에 천리를 양지로 정의하게 된다. 천리는 밖에서 찾는 것이 아니라 우리 마음 안에 내재되어 있다고 보았다. 이것은 불교에서 말하는 "모든 사람이 불성을 간직하고 있다."는 주장과 일맥상통한다. 세상 모든 사람이 양지라는 성인의 씨앗을 갖고 있으며 이것을 발현할 수 있다면 나이, 지위, 재물 여부와 관계없이 성현이 될 수 있다고 본다.

양명은 양지에 대해 "양지 두 자는 실로 오랜 옛날부터 성인에서 성인으로 전해 내려오는 한 방울의 적골혈[1]"(「연보 50세조」)이라고 표현했다(최재목, 2003). 또한 "이 치지 두 자는 참으로 천고로부터 전승되어온 성인의 비밀스런 전함인데, 여기까지 알게 되면 『중용』에서

---

1 묘가 오래되어 조상의 것인지 판단하기 어려울 때 무덤 속의 뼈에다 자손의 피를 떨구어서 그것이 스며드는지 여부로 조상인지 판별했다는 전설에서 유래한 말이다(최재목, 2003).

말한 바처럼] '백 세 후의 성인에게 물어도 미혹됨이 없는 것'이다."(최재목, 2003)라고 하였다.

양지는 옛 성현들이 학문의 핵심으로 삼고 성인에서 성인으로 전해지는 비법이다. 박성희(2019)는 성경에서 말하는 '내 안의 신성', 불교에서 말하는 '불성', 동양고전의 '도'와 '덕', 『우파니샤드(Upaniṣad)』, 『바가바드기타(Bhagavad Gītā)』에 나오는 '아트만' '브라만' 등을 '내안의 진정한 나(얼나)'를 일컫는 것으로 보았다.

이러한 진리는 하나같이 구체적이지 않고 형이상학적인 설명으로 묘사되어 있다. 소위 깨달은 자들은 대부분 '절대적인 어떤 것'을 주장하는데 이에 대해 적극적인 설명을 삼간다(박성희, 2019). 실체를 짐작하기 어려운 진리를 짐짓 마음대로 상상하여 진실이 왜곡되는 부작용을 막기 위해 '자격이 있는 자'만이 진리에 접근할 수 있도록 한 것이다. 고대 인도의 우파니샤드[2]같이

---

2 고대 인도의 철학 경전으로 산스크리트어로 '(사제간에) 가까이 앉음'이란 뜻으로, '(스승의 발아래에) 가까이 앉아 스승에게 직접 전수받는 신비한 지식'이라고 해석되기도 한다(두산백과, 2019).

'깨달음에 이르는 길'은 성인에서 성인에게로 비밀스럽게 전수되었다.

양명은 이와 달리 양지를 세상에 공개하고 적극 알려 비밀스럽거나 신비함을 탈피했다(최재목, 2003). 양지를 남녀노소 누구나 발견하고 발현하여 거리의 모든 사람이 성인으로 탈바꿈하여 지극한 즐거움을 누릴 수 있기를 희망했다. 양명은 제자들과 함께 '온 거리에 가득 찬 것이 성인(滿街聖人)'에 대하여 논한다.

하루는 왕여지가 유람을 나갔다 돌아오자 선생이 물었다. "유람하며 무엇을 보았는가?"

왕여지가 대답했다. "거리에 가득 찬 사람이 모두 성인임을 보았습니다."

선생이 말했다. "그대가 보기에는 거리에 가득 찬 사람들이 성인이었지만, 거리에 가득 찬 사람들이 보기에는 도리어 그대가 성인이었을 것이다."

또 하루는 동라석이 유람을 나갔다 돌아와서 선생에게 물었다. "오늘 이상한 일을 보았습니다."

선생님 무엇이 이상한지 묻자 동라석이 대답했다.

"거리에 가득 찬 사람들이 모두 성인임을 보았습니다."

선생이 말했다. "이 또한 평범한 일이니, 어찌 이상한 일로 여길 수 있겠는가?"

〈전습록 하권, 최재목, 2003 pp. 290-291〉

Rogers(1980)는 모든 유기체 안에는 고유의 잠재력을 적극적으로 실현하고자 하는 성장의 흐름이 내재되어 있다고 하였다. 양지는 인간중심상담의 '자기실현경향성(actualizing tendency)'처럼 온 거리에 모든 사람의 마음속에 내재되어 있으며 세상 모든 사람이 양지를 실현하여 성인이 될 수 있다. 상담자는 청담자의 마음속에 내재되어 있는 양지를 올바르게 발현되도록 이끌어 주어 청담자를 도덕적으로 완성된 인간, 즉 성인으로 만들 수 있다.

양명은 왕여지의 답변에 "거리에 가득 찬 사람들이 보기에는 도리어 그대가 성인이었을 것이다."라고 말한다. 양명은 제자 또한 성인이라 칭하며 스스로 마음속의 양지를 깨달아 성인이 되고자 하는 마음을 다지도록 가르침을 주었다.

양명은 생명을 지닌 모든 것의 밑바닥에 숨어 있는 양지를 온돌처럼 달구어서 세상을 향해 온정을 발하도록 재촉하던 유교적 이상주의자였다(최재목, 2003). 모든 사람이 양지의 제 모습을 밝혀 세상 만물을 따뜻하게 비추고 서로가 서로를 사랑으로 품어 주기 바랐다.

4

왕양명상담의 원리

양명은 전 생애에 걸쳐 자신의 사상을 발전시켜 왔다. 그리고 말년에 이르러 그의 모든 사상은 치양지로 귀결된다. 양명의 치양지설은 만년(50세)에 이르러 꽃 피우지만 그 씨앗은 용장에서 깨달은 심즉리설에서부터 심어졌다. 양명은 심즉리설의 '심(心)'은 모든 사람의 마음속에 내재된 양지를 의미하며 이것이 곧 '천리'라 하였다. 지행합일설을 통해 양지를 가리는 한 터럭의 사욕도 허용하지 않고 드러나자마자 뿌리 뽑아야 한다고 말한다. 친민설과 만물일체론 또한 치양지를 통해 청담자가 겪을 변화이자 궁극적인 목표로서 기능한다.

양명은 자신의 사상이 무르익어 감에 따라 마음수련 방법을 '격물치지'와 '성의'에서 '치양지'로 발전시킨다. 이 때, '격물치지'의 '지'와 '성의'의 '의'는 양지로 바꾸어도 양명의 마음 수련을 설명하는 데 무리가 없다. 양명은 용장에서 자신의 독자적인 심학의 토대를 마련하였고 오랜 세월동안 정교하고 체계적으로 갈고 닦아 '치양지'를 완성한 것이다.

'치양지'는 왕양명상담의 핵심 원리로 작동할 수 있다. 김민재(2017)는 양명의 양지가 청담자가 윤리상담을 통해 자각해야 할 핵심목표가 될 수 있으며, 청담자가 진정한 의미의 건강을 회복하는 데 도움을 제공할 수 있다고 보았다. 김세서리아(2011a, 2011b)는 양명학의 주체의식과 감응의 철학을 바탕으로 한국적 여성주의 철학상담의 방법론을 고찰하였다. 김영건(2013)은 양지의 자가 치유 메커니즘을 분석하여 양지의 회복이 양명의 삶에 질적 변화를 가져왔다고 보았다.

양명은 환관 유근에 의해 용장으로 좌천됐을 때, 유근이 보낸 자객에 의해 수시로 생명의 위협을 느낀다.

또 용장에서 맞이한 극한의 자연환경과 적대적인 부족민들이 양명의 심적 고통을 배로 가중시킨다. 그러나 양명은 그곳에서 이른바 '용장대오'를 겪고 극적인 변화를 경험한다. 죽음의 공포를 내려놓고 자신이 처한 환경을 적극적으로 수용하였으며 용장의 부족민과 어울려 서로 도움을 주고받는 관계까지 발전한다(김민재, 2017). 이러한 양명의 '자기전환(self transformatiom) 과정'은 청담자가 상담을 통해 치유하고 성장하는 모습과 닮아 있다.

양지는 개개인에 내재된 절대적인 도덕 준칙으로서 옳고 그름(是非), 선과 악(善惡), 호오(好惡)를 판단하여 올바른 방향을 잡을 수 있도록 도와준다. 청담자는 양지를 실현함으로써 일상생활에서 여러 가치가 충돌할 때, 바른 길을 선택할 수 있으며 사욕에 휩싸이지 않고 도덕적인 삶을 살아갈 수 있다.

사람이 만일 이 양지의 비결을 안다면 아무리 그에게 사악한 생각과 바르지 못한 의념이 많다고 하더라도 여기[양지]서 한 번 깨달으면 모두 저절로 사그러진다. 이것은 참으로 영단 한 알을 쇠에 떨어뜨려 금으로 만드는 것이다.

〈전습록 하권, 정인재, 한정길 역, 2001a, pp. 646-647〉

청담자는 양지를 깨달음으로써 사악한 생각과 바르지 못한 의념을 절로 몰아낼 수 있다. 이렇게 양지는 심리적 저항감과 정서적 장애를 유발시키는 원인을 제거함으로써 심리적·정서적 평온에 이를 수 있게 한다(김영건, 2013).

양명은 양지는 성현이든 범인이든 누구나 마음속에 가지고 있다고 하였다. 양명은 양지를 통해 사람과 사람이 하나가 되고 나아가 천지만물을 하나로 느낄 수 있다는 만물일체론을 펼쳤다. Rogers(1980)는 "내가 내면의 직관적인 자신에 가장 가까울 때, 내가 내 안에 알려지지 않은 부분과 어떻게든 접촉할 때, 약간 변형된 의식 상태에 있을 때, 매우 큰 치료효과가 있는 것 같다."고 하였다. 긴장을 풀고 상담자 안의 초월적인 핵심에 가까이 다가가게 되면 내면의 영혼이 청담자의 내면의 영혼에 다가가 깊은 성장과 치유의 에너지가 나타나는 것이다. 이는 양명학의 치양지와 일맥상통하는 면이 있다. 상담자는 양지를 갈고 닦음으로써 청담자를 제 몸처럼 아끼고 친애하고 이를 통해 청담자와 깊이 연결되어 성장과 치유의 에너지를 만들 수 있다.

박성희(2017)는 원효의 사상을 바탕으로 무애상담을 구성하였는데, 이는 마음속에 내재된 양지를 실현하는 치양지의 수련법과 매우 닮아있다. 무애상담의 기본 원리의 첫 번째로 '참나'[1]를 실체로 인정하고 이를 맞닥뜨리는 일을 삼았다. 참나는 영원불멸한 생명과 창조의 근원이며 성장과 치유의 힘을 발동시키는 실체로서 모든 사람의 내면에 존재한다고 보았다. 다음으로 참나를 가리는 '제나'[2]의 정체를 드러내고 마지막으로 제나가

---

1 구체적인 이름이나 개념으로 한정할 수 없는 초월적 존재이면서도 무언가 특이하고 신령한 기능을 갖추고 있는 마음으로써 이를 불교에서는 '불성' 또는 '참나'라고 한다(박성희, 2017).

2 불교에서 오온(五蘊)이라고 말하는 생각, 감정, 오감으로 구성된 주체를 말한다(박성희, 2017).

참나에 따라 작용하도록 하는 일을 삼았다. 마찬가지로 양명은 보통 사람들도 치양지를 통해 양지를 가리는 사욕을 제거하고 양지를 삶 속에서 온전히 실현하면 성인이 될 수 있다고 하였다.

양명의 치양지는 상담의 원리로서 많은 가능성을 품고 있다. 이에 양명의 치양지설을 바탕으로 왕양명상담을 '마음 다잡기-마음 깨닫기-마음 실현하기-마음으로 하나 되기'의 4단계로 구조화하였다.

1단계는 '마음 다잡기'이다. 양명은 성인이 되고자 하는 뜻을 세우는 입지(立志)를 매우 중요하게 여겼다. 누구나 성인이 될 수 있는 가능성을 마음속에 품고 있지만 이를 실현하려고 노력하지 않으면 변화를 기대하기 어렵다. 때문에 양명은 성인이 되는 데 뜻을 두고 이러한 뜻이 흔들리지 않도록 매사에 자신의 마음을 돌아보고 성찰하도록 하였다. 이와 같은 과정을 왕양명상담의 첫 단계인 마음 다잡기로 구조화하였다.

2단계는 '마음 깨닫기'이다. 양명은 제자들이 양지를 깨달을 수 있도록 부단히 노력했다. 하지만 양지는 말로써 설명하기 어려운 개념이다. 당사자가 수행을 통해 직접 체험해야 이해할 수 있으며, 어림짐작으로 알면 오히려 부작용을 겪을 수 있다. 왕양명상담에서 양지는 변화의 시작이자 끝이다. 때문에 양지를 바르게 알고 깨닫는 과정이 꼭 필요하다. 이에 양지를 알고 체험하는 과정을 두 번째 단계인 마음 깨닫기로 구조화하였다.

3단계는 '마음 실현하기'이다. 양명은 양지를 꾸준히 실현하기 위해 다양한 수련법을 제시하였다. 양명은 제자들이 어떠한 상황에 처하든 양지에 비춰 올바른 선택을 하며 성인으로 거듭나기를 바랐다. 양명의 이러한 수련법은 왕양명상담에서 청담자의 변화를 이끄는 구체적인 방법으로 사용될 수 있을 것이다. 이와 같은 과정을 세 번째 단계인 마음 실현하기로 구조화하였다.

4단계는 '마음으로 하나 되기'이다. 양명은 양지를 실현한 사람이 이를 수 있는 경지에 대해 다양하게 설명하였다. 청담자는 일상생활에서 꾸준히 양지를 실현하여 상처받은 마음을 치유하고 내면의 성장을 경험할 수

있다. 이와 같은 과정을 마지막 단계인 마음으로 하나
되기로 구조화하였다.

1. 마음 다잡기

양명은 그의 주변에 모여드는 사람들에게 "사람은 우
선 반드시 성인이 되고자 하는(爲聖人) 뜻을 세워야(立
志) 한다."고 강조했다. 양명 스스로도 어린 시절부터
성인이 되고자 하는 굳건한 의지가 있었다. 이러한 의
지 덕분에 백사천난(百死千難)의 고난을 겪으면서도 학
문에 대한 열정은 식지 않았다.『전습록』상권에서 제자
육원정(陸原靜)이 입지에 대해 묻자 양명은 아래와 같이
답한다.

오직 한 생각마다 천리를 보존하고자(存天理) 하는
것이 바로 뜻을 세우는 것(立志)이다. 이것을 잊지 않
는 것이 오래되면 자연히 마음 가운데 엉기고 모이는

것(凝聚)이 있게 된다. 이것은 도가(道家)의 "태내에
성인[이 되는 씨앗]을 맺는다(結聖胎)."는 말과 같다.

〈전습록 상권, 최재목, 2003, pp.89-90〉

여기서 양명이 말하는 천리는 인간이 선천적으로 지
니고 있는 도덕 기준인 양지로 바꿔 써도 무리가 없다.
즉, 매사에 우리 마음속의 양지를 갈고 닦아 이에 따르도
록 마음을 먹는 것이 중요하다는 것이다. 이는 마치 농사
의 시작이 씨앗을 뿌리는 것이듯 성현이 되는 공부의 시
작을 입지(立志)로 본 것이다. 양명은 제자들에게 '성인이
되겠다.'는 입지의 의미에 대해 다음과 같이 말한다.

선생이 말했다. "너희가 학문이 진보하지 않은 것은
다만 아직 뜻을 세우지 못했기 때문이다."
후벽이 일어나서 대답하였다. "저도 역시 뜻을 세우
기를 바랍니다."
선생이 말했다. "뜻을 세우지 않았다고 말하기 어려
우나 반드시 성인이 되겠다는 뜻은 아직 아니다."
후벽이 대답하였다. "[저도] 반드시 성인이 되겠다
는 뜻을 세우기 바랍니다."

선생이 말했다. "그대에게 진실로 성인이 되려는 뜻이 있다면 양지 위에서 모조리 발휘하지 못함이 더 이상 없을 것이다. 양지 위에 조금이라도 다른 생각이 걸린 채 남아 있다면 반드시 성인이 되겠다는 뜻은 아니다."

〈전습록 하권, 정인재, 2014 pp. 350-351〉

양명에게 입지는 단순히 성인에 뜻을 두는 것이 아니다. 마음의 양지를 훤히 밝히고 단 한 조각의 사욕조차 남기지 않는 것이다. 양명은 동생에게 보내는 편지에서 성인이 되는 방법으로 천리를 간직하고 인욕을 제거하는 방법을 꼽는다(정인재, 2014). 이것은 성현이 남긴 글을 외우고 강설하여 이룰 수 있는 것이 아니라 끊임없이 마음을 돌아보고 갈고 닦아야 비로소 이룰 수 있다고 보았다. 같은 편지에서 다음과 같은 글을 썼다.

공자는 성인이다. 그런데 오히려 말하기를 "나는 열다섯에 배움에 뜻을 두었다. 그리고 서른 살에 세워졌다."고 한다. 세운다는 것은 뜻을 세운다는 것이다. 비록 '법도는 넘지 않았다(不踰矩).'는 경지에 이르렀는

데 역시 뜻이 법도를 넘지 않았다는 것이다. 뜻을 어찌
쉽게 볼 수 있는 것이겠는가?

〈양명선생 집요, 정인재, 2014, p. 352〉

공자는 성인(聖人)임에도 불구하고 15세에 배움에 뜻
을 두고 30세에 이르러 뜻을 세울 수 있었다. 70세에 이
르러 법도를 넘지 않게 되었는데 이는 뜻이 법도에 맞
는다는 의미로 볼 수 있다. 즉, 공자는 평생을 성인이 되
고자 하는 뜻을 세운 것이다. 공자는 70세에 이르러서
야 마음 내키는 대로 행동해도 '천리'에 어긋남이 없을
정도로 뜻을 세웠다. 입지는 이처럼 어렵고 힘든 일로
서 평생에 걸쳐 마음을 다잡아야 이룰 수 있다.

일단 마음을 다잡고 뜻을 세웠다 하더라도 사욕에 양
지가 가린 상황에서는 쉽게 나태한 마음이 나타나기 일
쑤다. 양명은 이에 뜻을 꾸짖는 책지(責志) 공부를 강조
하였다.

대개 어느 순간(一息)이라도 뜻을 세우고(立志) 뜻
을 꾸짖지(責志) 아니할 때가 없고 어느 일(一事)이건

뜻을 세우고 뜻을 꾸짖지 않는 것이 없다. 그러므로 뜻을 꾸짖는 공부는 그것이 인욕을 제거하는 데에서 마치 뜨거운 불이 터럭을 태우고 태양이 일단 출연하면 도깨비들이 잠적해 사라지는 것과 같다.

〈전습록 중권, 정인재, 2014, p. 355〉

양명은 어느 순간이든 어떤 일이든 성인이 되고자 하는 뜻을 세우고 이 뜻을 수시로 다잡으라고 하였다. 이러한 마음가짐이 확립된다면 일순간 인욕에 빠져 해이해지고 교만에 빠지더라도 순식간에 벗어날 수 있다.

청담자가 상처받은 내면의 치유와 성장을 위해 상담을 결심하는 것은 쉬운 일이 아니다. 하물며 이러한 마음을 상담과정 내내 유지하는 것은 참으로 어려운 일이다. 설사 상담을 통해 상당한 진전이 있더라도 변화에 대한 두려움과 과거로 돌아갈 것 같은 불안이 청담자의 성장을 방해한다. 마음 다잡기는 이렇게 상담을 방해하는 요소들을 거두어 주고 청담자가 상담목표에 다다를 수 있도록 길을 안내한다.

2. 마음 깨닫기

양명의 양지는 말로써 설명할 수 있는 것이 아니다. 양명 또한 수많은 위기를 넘어서며 몸소 체득한 것이다. 때문에 양명은 양지에 대한 올바른 체험없이 어림짐작으로 익힌 사람들이 양지의 뜻을 변질시키고 잘못된 수련에 빠질까 걱정하였다.

> 나의 이 양지설은 수많은 죽을 고비와 난관 속에서 얻은 것이다. 사람들을 위해 어쩔 수 없이 한마디로 말했는데, 배우는 사람들이 이를 쉽게 받아들여 일종의 광경(光景)으로 말장난하여 착실히 공부하지 않아 이 양지를 등지게 될까 두렵다.
>
> 〈연보 50세조, 최재목, 2003, p. 235〉

정좌를 하면서 마음을 들여다보는 공부를 하는데 마음의 본체를 보지 못하고 마음을 대상화하면 그림자가 드러나는데 이것을 광경이라고 한다(정인재, 2014). 양명은 양지에 대해 섣불리 말하기 꺼려 했다. 양지는 스스로 끊임없이 탐구하여 온 몸으로 터득하는 것이지 말로써 설명되는 성질의 것이 아니다. 유관시(劉觀時)라는 제자가 양명의 가르침을 잘 이해하지 못해 설명해 달라고 하자 양명은 "벙어리는 쓰디쓴 오이를 먹고도 그 맛을 그대에게 말할 수 없다. 그대가 그 쓴맛을 알고자 한다면 그대 스스로 먹어 보아야 한다."(『전습록』상권)라고 하였다. 양지는 이와 같이 말로 깨닫는 것이 아니라 직접적인 체험으로 얻을 수 있다(정인재, 한정길, 2001).

양명은 양지의 참된 의미를 몸으로 깨닫지 않고 누군가 머리로만 잘못 이해하여 왜곡된 내용으로 후세에 많은 사람이 혼란에 빠질까 염려했다. 때문에 제자들이 양지를 체인(體認)할 수 있도록 혹독하고 처절하게 수련에 매진할 것을 요구하였다.

제군은 여기에 와 있는 이상 반드시 성인이 되려는 뜻을 세우지 않으면 안 된다. 시시각각으로 몽둥이와 주먹에 맞아 피가 솟아나고 몸에 자국이 날 때처럼 긴장을 하고 있어야 내 말의 한 구절 한 구절이 씨앗이 되는 것이다. 만일 그러지 않고 아무 하는 일 없이 멍청하게 날을 보낸다면 내 말을 들었다 하더라도 마치 때려도 아픔을 느끼지 못하는 하나의 죽은 고깃덩어리와 같이 아무것도 이루지 못할 것이다. 뿐만 아니라 강습이 끝나고 집에 돌아가서도 본시 그대로 하던 것을 되풀이하는 것이 고작일 것이다. 이 어찌 애석한 일이 아니겠는가?

〈전습록 하권, 최재목, 2003, p.157〉

체인(體認)은 공부를 자기 것으로 절실하게 받아들이고 깨닫는 것을 의미한다(최재목, 2003). 매순간 몽둥이와 주먹에 맞아 피가 솟아나고 몸에 자국이 날 때처럼 긴장하고 익혀야 비로소 나의 것으로 체득할 수 있다. 아무리 고명한 스승의 가르침이 있어도 본인의 것으로 받아들이기 위해 처절히 노력하지 않으면 제 것으로 받아들일 수 없다. 때문에 수련에 임할 때, 한껏 긴장하여 자신의 감각과 생각을 총동원하여 주어진 과제를 본인의 것으로 소화할 수 있어야 한다.

양명은 주자학에 심취해 있는 제자들에게 자신의 사

상을 깨닫게 하려고 많은 노력을 기울였다. 주자학은 선지후행의 입장으로 도덕지식에 대한 앎을 중시한다. 양명은 이와 달리 가만히 앉아 경전만 들여다봐서는 깨달음에 이를 수 없다고 보았다. 도리어 잘못된 지식으로 자신의 수련을 망치고, 나아가 세상에 혼란을 야기할 수 있기에 이를 경계하였다.

양명은 주자학에 갇혀 공리공론만 일삼는 제자들에게 새로운 사상적 지평을 열어 주고 그들의 삶에 변화를 주는 것을 매우 중요하게 여겼다. 양명의 제자들은 양명의 가르침에 끊임없이 의심을 품고 기존의 주자학을 지키려 항변하였다. 양명의 제자 진구천(陳九川) 또한 주자학의 입장에서 스승의 사상을 비판한다. 하지만 차차 양명의 사상을 받아들이고 주자학에 매달려 있을 때 품던 의문을 해소할 수 있었다. 다음의 대화에서 진구천의 변화가 잘 드러난다.

선생이 물었다. "치지(치양지)의 학설에 대한 체험이 어떠한가?"

구천이 말했다. "[예전과는] 달라졌음을 스스로 느낍니다. 예전에는 굳게 지키는 것이 늘 알맞은 곳을 얻지 못했으나, [지금은] 이 치지가 바로 알맞은 곳입니다."

선생이 말했다. "체득하는 것과 강의를 듣는 것이 다르다는 것을 알 수 있다. 나는 처음 [치지에 대해] 설명해 주었을 때 그대가 쉽게만 여기고 맛을 느끼지 못한다는 것을 알았다. 다만 이 하나의 중요하고 오묘한 것을 더욱 깊은 곳까지 체득하게 되면 날마다 달라지는 것을 느낄 것이니, 이것은 무궁무진한 것이다."

〈전습록 하권, 정인재, 한정길, 2001, p. 648〉

정구천은 양명의 치양지를 받아들이고 수련에 임하여 이전에 이해하지 못했던 것을 몸소 체험하고 깨달으며 변화를 느낀다. 양명은 제자가 이에 만족하지 않고 더욱 정진하여 성장할 수 있도록 격려하고 있다.

이외에도 수많은 제자가 주자학의 틀을 벗어나 양명의 사상을 받아들여 자신의 삶에 근본적인 변화를 가져온다. 양명의 사상은 그가 죽은 뒤에도 제자들과 그들을 따르는 후학에 의해 꾸준히 발전되었다. 결국 양명의 사상은 주자학 이외에 모든 학문을 이학(異學)으로 여기고 배척하던 엄혹한 시기를 이겨 내고 지금까지 살아남아 우리에게 전해졌다.

3. 마음 실현하기

양명은 양지를 깨닫고 실현시켜 나가는 것을 '치양지'라 불렀다. 치양지 방법은 수련자가 처한 상황에 따라 다르다. 먼저 조용한 곳에서 정좌하여 양지를 보존하고 인욕을 제거하는 '묵좌징심(默坐澄心)'과 인욕에 빠져 수련을 게을리 하고 길을 잃을 때마다 적극적으로 자신을 되돌아보고 다스리는 '성찰극치(省察克治)'의 수련법이 있다. 하지만 바쁘게 생업을 이어 가는 와중에 조용하게 자리 잡고 앉아 자신의 내면을 들여다보는 시간을 갖는 것은 쉽지 않은 일이다. 많은 사람이 삶의 변화하는 순간에 그때그때 대응하며 바쁜 일상을 이어 간다.

그래서 양명은 자신이 마주한 삶의 순간마다 양지에 비
추어 자신을 단련하는 '사상마련(事上磨練)'의 수련법을
제시하였다. 마음 실현하기는 이러한 치양지를 통해 마
음속의 양지가 온전히 제 빛을 발할 수 있도록 갈고 닦
아 주는 수련이다.

1) 묵좌징심(默坐澄心)

양명은 용장에서 단정히 앉아 사색하여 양지를 깨달
았다. 이에 양명은 묵좌징심을 통해 제자들이 사욕에
휩싸여 마음에 큰 동요가 올 때, 이를 잠재우고 양지의
본래 모습을 되찾을 수 있도록 하였다. 양명은 자신의
정좌법에 대해 다음과 같이 말했다.

옛날 귀양에서 지행합일의 가르침을 거론하니 분분
하게 의견이 달라지고 같아지어 들어갈 바를 알지 못
하였다. 이에 바로 여러 문하생과 절(寺)에서 성체(性
體)를 스스로 깨닫게 하였다. 돌아보니 황황히 깨닫
는 자가 있는 것 같았다. 또 도중에 편지를 보내어 이
렇게 말하였다. 앞서 절에서 정좌의 일을 말한 것은 좌

선(坐禪)하여 마음이 흔들림 없게(入定) 하려고 한 것
이 아니다. 대개 우리들이 평일 사물을 위하여 어지러
이 붙잡고 자기를 위할 줄 모른다. 이 때문에 『소학(小
學)』의 방심을 거두어들이는 일단의 공부를 보충하려
고 하였을 뿐이다.

〈양명전집 35권, 정인재, 2014, pp. 234-235〉

양명은 지행합일을 이해하기 어려워하는 제자들을
위해 불교의 정좌법을 적용하였다 그러나 양명의 정좌
법은 불교의 좌선입정(座禪入定)처럼 마음을 흔들림 없
이 집중하는 것이 아니라, 사욕에 이끌려 흐트러진 마
음에 의해 가리어진 마음의 본체를 자각하여 드러내는
방법이다. 한편, 양명은 제자들이 정좌 중에 쉽게 나타
날 수 있는 환상인 광경(光景)에 현혹되어 수련이 잘못
된 길로 들어설까 염려하였다.

선생은 정좌하고 있는 친구에게 질문하였다. "근래
의 공부는 어떠한가?"
한 친구는 '텅 비고 밝은(虛明)' 뜻을 들어 보였다.

선생이 말하였다. "이것은 광경을 본 것이다."

한 친구가 옛날과 지금의 같고 다름을 서술하였다. 선생은 말하였다. "이것은 효험이다."

두 친구는 멍하니 올바름을 청하였다. 선생은 말하였다. "우리들의 오늘날 공부는 단지 선을 위하는 마음을 진실하고 절박하게 하려는 것일 뿐이다. 이 마음이 진실하고 절박하게 선을 보면 바로 실행하고 잘못이 있으면 즉시 고친다. 바로 이것이 진실하고 절박한 공부이다. 이렇게 되면 인욕이 날마다 사라지고 천리가 날마다 밝아진다. 만약 단지 광경만을 보려 하고 효험을 이야기한다면 오히려 조장하여 밖으로 내달리는 병통이지 공부가 아니다."

〈왕양명 전집 1권, 정인재, 2014, pp. 235-236〉

양명은 정좌하며 공부한 두 제자의 답변을 비교하며 광경에 대해 경계하고 있다. 한 친구가 정좌하여 접한 신비한 체험은 사실 올바른 수련법에서 벗어난 것이며 도리어 공부를 방해할 뿐이다. 반면, 소소한 변화만을 이야기한 다른 한 친구의 이야기는 효험을 보았다고 이야기하고 있다. 비록 뭇사람을 현혹시키는 눈에 띄는 체험은 아니더라도 진실되고 꾸준하게 마음속의 선을 키워 가는 공부에 임하면 천리를 가리고 있는 인욕을 지우고 심체 본연의 모습을 밝게 드러낼 수 있음을 이야기하고 있다. 양명은 제자들이 올바른 정좌수련은 등한시하고 광경을 보고 효험을 구하려는 것이 안타까워 다음과 같이 말한다.

한 친구가 정좌하다 깨우친 것이 있어서 달려가 선생에게 물었다. 선생께서 대답하셨다. "내가 예전에 저주(滁州)에 머물 때 학생들이 대부분 지적인 이해에 힘쓰고 귀로 듣고 입으로 말하는 것이 같고 다름만을 논쟁하여 아무런 보탬도 없는 것을 보고는 잠시 그들에게 정좌를 가르쳤었다. 한때 그들이 광경(光景)을 얼핏 보고 자못 근접한 효과를 거두는 듯했다. 시간이 지나자 점차 고요함을 좋아하고 움직임을 싫어하며 마치 [생기 없는] 마른 나무 같은 병폐에 흘러 들어가거나 혹은 현묘한 깨달음에 힘써서 듣는 사람을 놀라게 하였다."

〈전습록 하권, 정인재, 2014, p. 236〉

양명은 제자들이 말로써 논쟁에 빠지고 실제적인 수양은 등한시 하는 것을 경계했다. 이에 제자들에게 아무 말 없이 앉아 마음을 맑게 하는 공부법, 즉 '묵좌징심(默坐澄心)'을 가르쳤다. 그러나 몇몇 제자는 묵좌징심 수련의 부작용으로 움직임을 싫어하고 조용함을 좋아하여 마치 마른 나무와 같이 되는 병폐에 시달렸다. 또 몇몇 제자는 형이상학적이고 현묘한 깨달음에 집착하여 실제 공부에서 벗어나는 부작용이 나타났다. 이에 양명은 조용히 사색에 잠기는 방법에서 보다 적극적이고 동적인 수련법에 대해 고민하였다.

2) 성찰극치(省察克治)

양명은 묵좌징심의 방법으로 인욕을 제거하고 마음의 본체인 천리를 밝힐 수 있다고 하였다. 그러나 묵좌징심의 부작용으로 인해 몇몇 제자들이 올바른 수련에서 벗어나 광경에 매달려 헛된 깨달음을 구하려 하였다. 이에 양명은 보다 적극적으로 사욕을 떨치고 자신을 다스리는 수련법으로 성찰극치를 말한다.

나는 몇 해 전부터 풍속이 퇴폐한 것을 교정하고 싶
어서 배우는 사람들을 안내하여 고명한 길을 걸어가
도록 함으로써 지금 시대의 폐해를 바로잡으려고 하였
다. 그런데 이번에는 배우는 사람들이 점차로 공허한
논의만을 하고 현실을 벗어난 신기한 이론을 내세우
게 되었다. 나는 이것을 후회하고 있다. 그러므로 남경
에서의 논의는 단지 배우는 사람들에게 "천리를 보존
하고 인욕을 제거한다(存天理去人欲)."는 것을 가르쳐
자신을 반성하여 결점을 없애도록 한 것일 뿐이다

〈양명전집 8권, 최재목, 2003 pp. 152-153〉

　　양명은 몇몇 제자들이 신비한 체험에 사로잡혀 공허
한 논의에 빠진 것을 돕고 싶었다. 이에 적극적으로 자
신의 마음을 돌아보아 천리를 보존하고 인욕을 제거할
수 있도록 하였다. 양명은 정좌 중에 잡념이 끼어들어
수련에 어려움을 겪고 있는 제자에게 다음과 같이 성찰
극치를 알려 준다.

　　맹원(孟源)이 물었다. "정좌 중에서 사려가 분잡하
여 강제로 금하여 끊어 버릴 수 없다."

선생이 말했다. "어지럽고 복잡한 생각은 역시 강제로 금하거나 끊어 버릴 수 없다. 단지 사려가 막 싹트려고 움직이는 곳에서 반성하여 살펴보고 그것을 다스려라."

〈양명전집, 정인재, 2014, p. 237-238〉

코끼리를 생각하지 말라고 하면 오히려 코끼리 생각이 머릿속에서 떠나지 않기 마련이다. 무언가에 대해 부정하려 할수록 더욱 그것에 빠져든다. 이에 양명은 이러한 생각이 막 싹트려고 할 때, 그것을 반성하고 살펴보며 다스리는 성찰극치를 가르친다. 양명의 성찰극치는 '존천리거인욕'을 위해 잔뜩 긴장하고 자신을 엄격히 다스리는 수련법이다. 양명은 성찰극치에 대해 다음과 같이 말한다.

성찰하여 자기를 극복하고 다스리는 공부는 틈을 둘 때가 없다. 마치 도둑을 몰아내듯이 아주 깨끗하게 쓸어 내려는 의지가 있어야 한다. 일이 없을 때에는 여색이나 재물, 명예 등을 좋아하는 사욕을 하나하나 찾아

내서 반드시 뿌리(病根) 뽑아 제거하여 다시는 영원히 일어나지 않게 해야만 비로소 통쾌하게 되는 것이다. 항상 마치 고양이가 쥐를 잡듯이 온 눈으로 살피고 온 귀로 듣고 있다가 한 생각이 싹터 움직이자마자 곧바로 제거해 버린다. 쇠못을 박아 놓듯 잠시도 허용하지 않는다. 다른 방편에 숨겨 주어서도 안 되고 그 출로를 개방해서도 안 된다. 비로소 참되고 착실한 공부이다. 그리하여 아주 깨끗이 쓸어 내고 극복하여 사욕이 없는 데까지 이르게 되면 저절로 팔짱을 끼고 앉아 있어도 잘 다스려지는 때가 생긴다.

〈전습록 상권, 정인재, 2014, pp. 238-239〉

성찰극치는 잠시의 틈도 없이 끊임없이 자신을 갈고 닦는 공부법이다. 일이 없을 때에도 자신의 사욕을 돌이켜 보고 뿌리 채 뽑아 완전히 제거하여 버리는 것이다. 이러한 철저한 수행과정이 계속되어야 비로소 양지의 실체를 파악하고 온 몸으로 체인할 수 있다.

3) 사상마련(事上磨練)

앞서 살펴본 수련 방법 모두 치양지를 이루는 좋은 방

법이다. 하지만 바쁜 일상 속에서 마음의 힘을 단련시켜야 하는 현대인들에게 정좌하여 마음을 가다듬는 것은 쉽지 않은 일이다. 일상적이고 구체적인 상황(事上)에서도 마음을 갈고닦을 수 있어야 한다(磨練). 양명이 주장한 사상마련은 정좌하여 고요하고 정적으로 이루어지는 것이 아니라, 역동적으로 변화하는 삶의 한가운데에서 자신을 수련해 나가는 방법이다. 사상마련의 수행법은 농사를 지으면서, 밥을 먹으면서, 여행을 하면서, 음악을 들으면서 등의 일상 모두가 철학함의 수련이 될 수 있다(최재목, 2003). 내가 발을 딛고 있는 세상 모든 곳이 마음을 갈고 닦을 수 있는 수련의 장이 된다.

양명은 "양지만 명백하다면 그대가 조용한 곳을 따라서 체오(體悟)해도 좋고 구체적인 일상의 일에서 연마해도 좋다. …… 나의 이 화두는 저주에서부터 지금까지 몇 번 비교해 보았지만 다만 치양지 세 글자만 변통이 없었다."고 말하였다

〈전습록 중권, 정인재, 2014, p.242〉

양명은 치양지의 방법에 상하관계를 두지 않았다. 정좌하여 마음을 다스리는 방법도 지금-여기 내가 마주하는 일상 속에서 마음을 갈고 닦는 방법도 모두 양지를 발현할 수 있는 좋은 수련법으로 보았다. 단지 정좌하여 사색과 명상에 잠기는 방법에만 몰두하는 것을 경계하였다. 양명이 제자 육징과 대화하는 장면에서 이러한 생각이 잘 드러난다.

"저는 마음을 고요히 하고 있을 때에는 좋은 마음 상태가 되어 있는 것 같은데 만일 조금이라도 바깥의 일을 만나면 그러하지 못 합니다. 이것은 왜 그런지요?"

양명이 이렇게 대답했다.

"그것은 조용히 마음을 기르는 것만 알고 [사욕에 이끌리는] 자기를 이기는 수행을 하지 않기 때문이다. 그래서 무슨 일이 일어나면 마음은 동요하고 만다. 사람은 반드시 일을 해 가면서 사태 그 위에서 자신을 연마하면 마음이 확립된다. 거기서 비로소 고요할 때(靜時)도 마음이 안정되고 움직일 때(動時)도 마음이 안정될 수 있다."

〈전습록 상권, 최재목, 2003, p. 154〉

양명은 또 다음과 같이 말한다.

사람은 반드시 일을 해 가면서 [사태 그 위에서] 자
신을 연마함으로써 비로소 진보할 수 있다. 만일 단
지 고요함(靜)을 즐길 뿐이라면 무슨 일이 일어나자마
자 마음이 어지러워져 진보도 없고 고요할 때의 수행
도 잘못된다. 이것은 마음을 안쪽으로 거둬들이고 있
는 것 같이 보이지만 실은 바깥으로 마음이 흐트러지
고 있는 것이다.

〈전습록 하권, 최재목, 2003, p.155〉

이로 미루어 볼 때, 고요할 때의 수련과 움직일 때의
수련은 상호보완적인 관계인 것을 알 수 있다. 고요한
때의 수련만 알고 이것만 따르다가는 약간의 외부 자극
만으로도 집중력이 쉽게 흐트러져 버린다. 겉에서 보기
엔 마음을 다잡고 고요하게 보이지만 마음속은 바람에
흔들리는 갈대처럼 이리저리 휩쓸려 갈피를 잡지 못하
는 것이다. 그러나 바쁜 일상을 살아가며 그 와중에 마
음의 힘을 갈고 닦으면 주변 상황에 흔들림 없이 중심

을 지킬 수 있다. 이렇게 기른 힘은 고요할 때나 마음의 동요가 있을 법한 상황에서나 충분히 제 역할을 할 수 있다. 양명은 제자의 고민에 대해 상담하며 실생활에서 어떻게 사상마련을 할 것인지 말한다.

오래전부터 양명의 학문을 청강하고 있던 한 하급관리가 있었는데, 그가 어느 날 이렇게 말했다. "선생님은 매우 훌륭한 학문을 가르쳐 주셨지만 아무래도 저는 공문서와 소송 사건 처리 등 업무에 쫓기어 실행할 여가가 없습니다."

양명은 이 말을 듣고 이렇게 말했다. "내가 언제 자네에게 공문서와 소송 사건 처리를 미루고 학문을 하라고 했던가? 자네에게는 이미 관청의 일이 있으니, 관청의 일을 바탕으로 학문을 해야 진정한 '격물(마음 속의 일을 바로잡음)'이 될 것이다. 예를 들어, 어떤 사람의 사건을 조사할 때, 그의 청탁 때문에 자네의 뜻을 굽혀서는 안 된다. 또 자네 일이 바쁘다는 핑계로 마음대로 적당히 판결해서도 안 되고, 증인이 있어서 그 사람에게 불리한 말을 했다고 해서 그 증인의 말만 따라서도 안 된다. 이러한 생각들은 모두가 사심에서 나오는 것이니, 오직 자네 스스로 알아서 자신의 마음을 자세히 살피고 사심을 이겨 내어 자네 마음의 조그마한 치우침 때문에 올바른 판단을 그르치지 않도록 조심해야 한다. 이것이 바로 '격물치지'라는 것이다. 공문서나 소송 사건 처리 등에는 실제의 학문(實學)이 아닌 것이 없다. 만약 사물을 떠나서 학문을 한다면 그것은 오히려 헛된 학문이 될 것이다."

〈전습록 하권, 최재목, 2003, p.155〉

우리나라 「헌법」 103조에 따르면 법관은 헌법과 법률에 의하여 그 양심에 따라 독립하여 심판한다. 여기서 양심은 '우리 안의 절대적인 도덕 기준' 즉, 양지로 볼 수 있다. 우리는 종종 판사가 개인의 사사로운 이익이나 주변 환경과 상황에 영향을 받아 비상식적인 판결을 내리는 경우를 접한다. 이러한 판결은 국민의 법 감정과 사뭇 달라 많은 사람의 반발을 산다. 만약 법관이 법률과 평소 성실히 사상마련하여 발현시킨 양지에 따라 재판에 임한다면 많은 사람이 납득할 수 있는 공평 정대한 판결이 이루어질 수 있다. 아울러 판사 개인의 도덕적 완성도 이룰 수 있을 것이다.

우리 사회의 공무원은 어떠한가? 많은 학생이 장래희망으로 공무원을 꼽고 있지만 그 이유를 들어 보면 '안정성'을 첫 손가락으로 꼽는다. 국민을 위해 봉사하는 공무원을 단지 잘리지 않는다는 이유로 선호하는 것은 매우 안타까운 일이다. 실제로 많은 공무원이 별다른 소명의식 없이 주어진 업무만 처리하며 다람쥐 쳇바퀴 돌 듯 비생산적인 일상을 보낸다.

지난 2015년, 일본은 후쿠시마 원전 사고 이후 일본산 수산물 수입을 금지한 우리나라를 세계무역기구(WTO)에 제소한 바 있다. 1심 재판은 우리나라가 별다른 변론도 펼치지 못하고 맥없이 지고 말았다. 때문에 2심도 우리나라가 패배할 것이라 예측하는 시선이 많았다. 1심의 결과를 2심에서 뒤집은 전례가 없었기 때문이다. 하지만 2심인 WTO 상소기구는 후쿠시마 수산물 수입을 금지한 우리나라의 손을 들어준다. 이로써 4년을 끌어온 일본과의 무역분쟁은 피소국인 우리나라의 승소로 마무리되었다. 이와 같은 결과는 분쟁대응을 맡은 공무원들의 헌신적인 노력 덕분에 가능했다. 그들은 국민의 안전과 건강을 위해 밤낮없이 대응전략과 법리를 준비하여 결과를 보란 듯이 뒤집었다. 국민에게 봉사하고자 하는 소명의식에 따라 개인의 사사로운 욕심을 버리고 자신의 일에 몰두한 결과이다. 지금-여기의 일을 통해 양지를 환히 밝히는(磨練) 사상마련의 좋은 예이다.

사상마련은 일상에 지친 수많은 현대인에게 자신의 일에 목적을 부여하고 활기를 불어넣는 한편, 마음속에 잠재된 도덕심을 일깨워 한 층 성장시켜 줄 수 있다. 사상마련은 지금-여기에서 자신이 처한 상황과 감정을 마음의 양지에 비추어 알맞게 조절하여 대처하는 수련법이다. 매우 구체적이고 실용적인 수련법으로 우리 생활 도처에서 많은 분이 몸소 실천하여 우리 사회를 보다 밝게 비춰 주고 있다.

4. 마음으로 하나 되기

양명은 '치양지'를 통해 양지를 실현하고 이렇게 양지를 실현한 사람은 천지만물을 제 몸처럼 감응하고 위하게 된다고 보았다. 이렇게 세상 모든 사람이 치양지하여 온 세상 사람이 서로를 위하고 사랑하는 이상사회를 꿈꿨다. 마음으로 하나 되기는 청담자가 왕양명상담을 통해 지향해야 할 목표이자 치양지를 통해 얻을 수 있는 내면의 성장이다.

1) 치중화(治中和)

감정을 다스리는 것은 동서고금을 막론하고 인간의 정신세계를 이해하고 다스리는 데 있어 매우 중요하다. 많은 사람이 희노애락(喜怒哀樂)의 감정에 과하게 집착하여 정신 병리학적 문제로 고통 받는다. 때문에 인간의 감정을 알맞게 조절하고 이것에 휘둘리지 않는 강한 정신력을 길러 주는 것은 상담이 당면한 주요과제 중 하나이다.

양명은 "양지가 바로 미발의 알맞음이다. 바로 툭 트여 크게 공정한 것이며 고요하여 움직이지 않는 본체이다. 사람마다 똑같이 갖추고 있는 것이다."(『전습록』상권)라고 하였다(정인재, 2014). 양명에게 '미발의 알맞음'은 마음의 본체인 천리이며 도덕적 주체인 양지를 가리킨다.

양명은 '알맞음(中)'을 양지의 본체로, 이것이 삶에서 다양한 장면과 만나 적절하게 정감이 작용하는 것을 '어울림(和)'으로 보았다. 양명은 '알맞음'과 '어울림'에 대하여 다음과 같이 말한다.

사람의 정감과 일의 변화를 제외하고는 아무것도 없다. 기뻐하고 성내고 슬퍼하고 즐거워하는 것이 사람의 정감이 아니겠는가? 일의 변화는 또한 오직 사람의 정감 속에 있다. 그 요점은 오직 알맞음과 어울림을 실현하는 데 있으며 알맞음과 어울림을 실현하는 것(致中和)은 단지 홀로 자신을 삼가는 데 있다.

〈전습록 상권, 정인재, 2014, p. 284〉

양명은 인간의 정감 속에 인간 삶의 모든 작용이 담겨 있다고 하였다. 양명은 모든 일의 변화 속에서 '정감의 알맞음'이 이루어지는 '어울림'을 실현하는 치중화를 위해 홀로 삼가는 공부(謹獨)를 제안한다. 또 양명은 "양지는 바로 홀로 아는 때이다. 이 양지 밖에 더 이상 앎이 없다."(『양명전집』 20권)고 말한다(정인재, 2014, p. 284).

이로 미루어 볼 때 홀로 아는 것은 양지, 홀로 삼가는 공부는 치양지를 의미한다. 즉, 양명의 '알맞음'과 '어울림'을 실현(致中和)하는 공부는 치양지 공부인 것을 알 수 있다.

감정을 알맞게 조절한다는 것은 쉬운 일이 아니다. 실제로 조용한 장소에서 가만히 자리에 앉아 있으면 겉으로 보기엔 평온할지 몰라도 머릿속에서는 온갖 감정과 의념이 떠올라 마음을 평온하게 유지하는 것이 쉽지 않다. 더욱이 가까운 사람의 죽음을 경험한다거나, 자신의 의견이 수시로 받아들여지지 않고 무시받는 등 일상생활에서 감정에 커다란 동요를 가져올 일을 마주하면 평정심을 유지하는 것이 쉽지 않다.

양명의 제자 육징이 홍려시에 머물고 있을 때, 육징의 아이가 위독하다는 연락을 받는다. 육징은 자신의 아이가 걱정되어 매우 괴롭기만 하였다. 육징은 자신의 심정을 스승에게 털어놓았고 양명은 이에 다음과 같이 답한다.

　이런 때에 공부를 해야 한다. 만약 이런 때를 놓쳐 버린다면 한가한 때의 강학이 무슨 쓸모가 있겠는가? 사람은 바로 이와 같은 때에 연마(磨練)해야 한다. 아버지가 자식을 사랑하는 것은 물론 지극한 정감이다. 그러나 천리에도 본래 치우침이 없고 절도에 맞는 곳이 있으니(中和處)이 있으니 그것을 지나치면 곧 사사로운 뜻(私意)이 된다. 이러한 상황에서 사람들은 대부분 마땅히 근심하는 것이 천리라고 여겨서 한결같이 근심하고 괴로워하기만 하고 있다. 이미 '근심하고 걱정하는 것이 있으면 그 바람을 얻지 못한다.'는 사실을 알지 못한다. 대체로 칠정(七情)의 느낌은 지나친 경우가 대부분이고 미치지 못하는 경우는 적다. 지나치자마자 곧 마음의 본체가 아니므로 반드시 알맞게 조정해야 비로소 바름을 얻을 수 있다. 부모의 상을 당했을 경우 사람의 자식으로서 어찌 한바탕 죽도록 통곡하여 마음이 후련해지기를 바라지 않겠는가? 그런데도 오히려 [효경에] '몸이 수척해지더라도 본성을 멸하지 않는다.'고 말했으니 이것은 성인께서 억지로 제정한 것이 아니라 천리 본체에 본래 일정한 한도가 있어서 지나쳐서는 안 되는 것이다. 사람이 심체를 이해하기만 한다면 자연히 조금도 보태거나 덜어낼 수 없을 것이다.

〈전습록 상권, 정인재, 2014, p.244〉

양명은 아들이 위급한 상황에서도 '치양지'할 것을 이야기하고 있다. 아버지가 자식을 사랑하는 것, 자식이 부모의 상(喪)을 슬퍼하는 것은 천리이다. 이것에 의해 두렵고, 슬픈 감정에 빠지는 것은 당연한 일이다. 하지만 이러한 감정에 깊숙이 빠져들어 중심을 잃고 감정에 휘둘리는 것은 경계해야 한다. 양명의 마음수련은 인간의 희로애구(喜怒哀懼)에서 자기의 본래 성정을 훼멸시키거나 상실하지 않고 적당히 조절하여 '알맞음'과 '어울림'의 실제를 유지하는 훈련이다(정인재, 2014). 오늘날 많은 현대인이 마음의 질병으로 큰 고통을 겪고 있다.

양명의 치양지는 이렇게 고통 받는 사람들에게 특정 감정에 대한 집착에서 벗어나 알맞게 조절할 수 있는 힘을 길러줄 수 있다.

2) 참된 즐거움(眞樂)

양명은 인간의 희노애락의 정감 중 특히 즐거움을 매우 중요시했다. '즐거움'을 우리 마음의 본래 모습으로 보았다. 양명은 '즐거움'에 대하여 다음과 같이 말했다.

> 즐거움은 마음의 본체이다. 어진 사람(仁人)의 마음은 천지만물을 한 몸(一體)으로 여기며 기꺼이 모두 어울려 통(和暢)하여 원래 아무런 간격이 없다. 보내 주신 편지에 사람의 삶의 이치(生理)는 본래 저절로 어울려 통하고(和暢) 본래 즐겁지 않음이 없다. 그러나 객기(客氣) 물욕이 이 어울려 통하는 기운을 뒤흔들게 되면 비로소 틈과 끊어짐이 생겨 즐겁지 못하다고 말한 것이 이것이다. 때때로 익힌다(時習)는 것은 이 마음의 본체를 되찾는 것이다. 기뻐하면(脫) 본체가 차츰 되찾아진다. 벗이 오면(朋來) 본체의 기쁨

이 어울려 통하고 두루 충만하여 막힘이 없다. 본체의 기뻐하고 어울려 통함이 본래 이와 같다. 처음부터 더 해진 것이 없다.

〈양명전집 5권, 정인재, 2014, pp. 269-270〉

어진 사람은 다른 사람의 고통을 마치 제 몸의 것 인양 함께 슬퍼한다. 그들은 누군가에게 인정받거나, 보상을 바라고 천지만물에 사랑을 베푸는 것이 아니다. 마음의 본체에서 우러나오는 양지의 따뜻한 기운으로 세상만물을 마치 한 몸처럼 여기고 단지 이것만으로도 충만한 즐거움을 느낄 수 있다. 그러나 이러한 마음에 객기물욕이 드리워지면 세상만물과 어울려 통하는 것이 꽉 막히고 즐거움은 온데간데없이 사라지게 된다.

그렇다면 양명이 언급한 객기물욕이란 무엇일까? 이는 칠정에 대한 집착을 의미한다. 칠정은 기쁨, 성냄, 슬픔, 두려움, 사랑, 미움, 욕심(喜怒愛懼愛惡欲)으로서 인간이라면 누구나 가지고 있으며 양지의 작용으로 자연스럽게 흘러나오는 것으로 이것 자체에는 선악이 없다(정인재, 2014). 그러나 한 가지 정감에 지나치게 집착하면 이것이 양지를 가리고 천지만물과의 감응이 꽉 막고 심적 고통을 안긴다. 예컨대, 슬픔에 과하게 집착하여 우울증에 시달리고 마음속의 분노가 한없이 쌓여 화병을 부르게 되는 것이다.

양명은 "칠정에 대한 집착을 욕심이라고 부르며 이것이 양지의 가림(蔽)이 되어버린다. 그러나 집착할 때도 양지는 저절로 자각할 수 있으며 자각하면 가려짐이 제거되고 그 본체를 되찾는다."(『전습록』 하권)고 하였다 (정인재, 2014). 양지는 욕심에 의해 가려질 수 있지만 주체적으로 이러한 가림을 알아채고 제거할 수 있다. 양명은 즐거움과 칠정의 관계에 대해 다음과 같이 말한다.

즐거움은 마음의 본체이다. 비록 칠정의 즐거움과 같지는 않지만 역시 칠정의 즐거움에서 벗어나지 않는다. 비록 그렇지만 성현은 따로 참된 즐거움(眞樂)을 가지고 있다. 그리고 보통 사람도 함께 가지고 있는 바이다. 그러나 보통 사람은 가지고 있지만 스스로 알지 못한다. 도리어 허다한 걱정과 괴로움을 스스로 찾으며 게다가 스스로 헤매고 내버린다. 그러나 비록 걱정과 괴로움, 헤맴과 내버림 가운데 있다 하더라도 이 즐거움은 간직되지 않은 적이 없다. 다만 한 생각이 열리고 밝아지고 자신을 돌아보아 성실하면 바로 여기에 즐거움이 존재하는 것이다.

〈전습록 중권, 정인재, 2014 pp. 271-272〉

양명은 칠정의 즐거움(흠)과 참된 즐거움의 차이에 대해 이야기하고 있다. 참된 즐거움은 마음의 본체로서 양지를 의미한다. 이는 보통 사람에게도 내재되어 있지만 자각하지 못했을 뿐이다. '한 생각이 열리고 밝아지고 자신을 돌아보아 성실히 하는 것'은 양지를 체인하고 갈고닦아 실현하는 것을 의미하며 양명은 이를 치양지라 표현한다. 보통 사람도 치양지를 통해 칠정에 대한 집착을 버리면 성현의 참된 즐거움을 얻을 수 있는 것이다.

3) 만물일체(萬物一體)의 인(仁)

양명은 모든 사람의 마음속에 양지가 내재되어 있지

만 사리사욕에 이끌려 양지가 가려지고 나와 너를 구별하게 된다고 하였다. 너는 내가 아니니 상대방의 고통에 둔감해지고 심지어 내 이익을 위해 상대방을 거리낌 없이 해하기도 한다. 양명은 이와 같은 사회의 병폐를 고치고 세상 모든 사람이 서로를 아끼고 보살피는 길을 제시한다.

대인은 천지만물을 한 몸으로 여기는 사람이니, 천하를 한 집안으로 보고 중국을 한 사람으로 본다. 육체가 각각인 것으로 보고 나와 남을 나누는 것은 소인이다. 대인이 능히 천지만물을 일체로 한다는 것은 의도적으로 그렇게 하는 것이 아니다. 마음의 인(心之仁)은 본래 이처럼 천지만물과 하나가 되는 것이다. 이것은 대인만이 아니고 소인의 마음도 그렇다. 다만 소인은 [이 광대한 마음을] 스스로 좁히고 있을 뿐이다.

어린아이가 우물에 빠지려고 하는 것을 보면, 누구든지 반드시 깜짝 놀라고 측은해하는 마음을 가진다. 이 사실은 그 사람이 어린아이와 일체로 되는 이치(仁)를 가지고 있다는 것을 증명한다. 어린아이의 경우는 같은 인간이기 때문에 그렇다고 말할지도 모른다.

그러나 새와 짐승이 도살장으로 잡혀갈 때 슬피 울거나 죽음을 두려워하는 것을 볼 때도 사람은 반드시 차마 하지 못하는 마음을 가지게 될 것이다. 이 사실은 [인간이] 새나 짐승과 일체되는 이치를 소유하고 있다는 것을 증명하는 것이다. 새와 짐승은 요컨대 [인간처럼] 지각을 가지고 있기에 그렇게 느끼게 된다고 말할지도 모른다.

그렇지만 [지각을 가지고 있지 않은] 풀, 나무가 꺾이고 부러지는 것을 볼 때도 반드시 딱하게 여기는 마음이 있다. 이것은 [인간이] 풀, 나무와 일체로 되는 이치를 가지고 있음을 증명한다. 풀, 나무는 생명의 의지가 있는 것이라서 그렇게 느끼게 된다고 말할지도 모른다.

그러나 기왓장이나 돌이 깨지고 부서지는 것을 본다고 하더라도 반드시 애석하게 여기는 마음이 생긴다. 이것은 [인간 마음의] 사랑의 이치와 기왓장, 돌이 일체를 이루고 있다는 것을 말해 주는 것이다.

〈대학문, 최재목, 2003, pp. 315-316〉

양명은 천지만물을 한 몸처럼 여기는 사람인 '대인'에 대하여 설명하며 우리가 어떻게 사람과 동물을 넘어 생명이 없는 기왓장이나 돌에도 어진 마음을 나눌 수 있는지 이야기하고 있다. 반면, '소인'은 육체가 각각인 것으로 보고 나와 남을 나누는 사람으로 정의한다. 여기서 양명은 '소인'도 '대인'처럼 천지만물을 한 몸으로 여기는 마음의 인(仁)을 갖고 있다고 이야기한다. 단지 스스로 한정된 틀에 갇혀 깨닫지 못할 뿐이라고 보았다. 비록 '소인'일지라도 마음의 인을 깨닫고 틀을 부시면 대인으로 거듭날 수 있다. 양명은 신분과 지위고하를 막론하고 모든 인격체가 각자의 양지를 깨닫고 실현함으로써 서로가 서로를 보살피고 나아가 천지만물을 제 몸처럼 여기며 세상의 온갖 만물에 사랑이 충만하길 바란다.

5. 왕양명상담의 과정

청담자는 왕양명상담을 통해 양지를 깨닫고 꾸준히 실현한다. 청담자가 마지막 단계인 마음으로 하나되기에 이르면 특정 정감에 휩쓸려 고통받지 않고 알맞게 조절할 수 있다. 또한 성인의 즐거움을 누리며 자신의 삶을 즐길 수 있다. 청담자는 이렇게 충실하게 실현된 양지를 천지만물에 비춰 온 세상을 제 한 몸처럼 아끼고 사랑하여 보다 따뜻하고 아름다운 세상으로 만든다. 이러한 왕양명상담의 과정을 [그림 2]와 같이 나타낼 수 있다.

그림 2 | 왕양명상담의 과정

첫 단계인 '마음 다잡기'는 성인이 되고자 하는 뜻을 세우는 '입지'이다. 단순히 학문하여 공자와 맹자처럼 되겠다는 것이 아니라, '존천리거인욕'하여 내 마음의 천리를 따르고 사욕을 버려 양지를 발현하겠다는 의지를 다지는 것이다. 이때 터럭만큼의 사욕이라도 발동하는 즉시 원인을 찾아 뿌리 뽑는 '책지'를 통해 엄격하고 절실하게 임해야 한다. 마음 다잡기는 왕양명상담의 성패를 좌우하는 중요한 첫 단추이다.

다음 단계인 '마음 깨닫기'는 마음의 본체인 양지를 온 몸으로 깨닫는 것이다. 양명이 체득한 양지는 본인이 직접 '백사천난(白死千難)'의 고난을 넘기며 몸소 깨달은 것이다. 아무리 이해하기 쉽게 설명한다 해도 직접 부딪치며 경험하지 않으면 실체를 파악하기 어렵다. 어설픈 공부는 청담자를 '광경'에 빠뜨려 그릇된 길로 나아가게 한다. 그래서 양명은 양지를 체인하기 위해 혹독하고 처절하게 수련에 임할 것을 강조하였다.

양지를 몸소 깨달으면 다음 단계인 '마음 실현하기'로 나아간다. 치양지의 '치'는 '지극함에 이른다.'는 의미를 갖고 있다. 양지를 가리고 있는 사욕을 모두 제거하여 그 모습을 완전히 드러나게 하는 것이다. 보통 사람의 양지는 먼지가 잔뜩 앉은 거울과 같다. 치양지를 통해 이 거울을 깨끗이 닦아 거울의 본 모습이 완전히 드러나도록 하는 것이다. 그럼 이 거울에 비춰 온 세상도

제 모습을 바르게 찾을 수 있을 것이다.

양명은 치양지의 방법으로 묵좌징심(默坐澄心), 성찰극치(省察克治), 사상마련(事上磨練)을 강조하였다. 묵좌징심은 조용한 곳에서 정좌하여 양지의 실체를 드러내는 것이다. 그러나 이는 자칫 청담자를 '광경'에 빠트릴 수 있다. 또한 움직임을 싫어하고 헛된 깨달음만을 공허하게 논하는 부작용이 있다. 성찰극치는 마음의 본체인 양지를 가리는 사욕을 뿌리 뽑기 위해 자신을 적극적으로 반성하고 살펴보며 다스리는 것으로 '존천리거인욕'을 위해 잔뜩 긴장하고 자신을 엄격히 다스리는 수련법이다. 양명은 정좌하여 고요하고 정적으로 이루어지는 수련뿐만 아니라, 역동적으로 변화하는 삶의 한가운데에서 자신을 수련해 나가는 사상마련의 수련도 말하였다. 별도로 수행시간을 낼 필요 없이 지금-여기에서 하고 있는 일에서 사욕을 걷어 내고 마음 속 양지에 비추어 천리에 맞는 행동을 해 나가며 꾸준히 양지를 실현해 나가는 것이다. 양명은 사상마련을 통해 일상생활에서 꾸준히 의로움(義)을 쌓아 간다면 양지를 실현시킬 수 있다고 보았다.

마지막 단계인 '마음으로 하나 되기'는 왕양명상담을 통해 청담자가 지향해야 할 목표이자 청담자가 상담의 결과로 얻게 될 변화이다. 먼저, 청담자는 치양지를 통해 정감의 '알맞음'과 정감을 적재적소에 드러내는 '어울림'을 실현할 수 있다. 이로써 청담자는 감정에 집착하여 특정 감정에 휘둘리지 않고 각각의 감정이 드러날 때마다 충실히 느끼고 곧 '알맞은 마음 상태'로 돌아갈 수 있다.

청담자는 치양지를 통해 양지를 실현함으로써 '참된 즐거움'을 누릴 수 있다. 청담자는 치양지를 통해 내 마음의 본체를 깨닫고 이를 온갖 세상에 비춤으로써 세상을 보다 밝고 아름답게 개선(改善)해 나아가며 자신 또한 특정 감정에 휘둘리지 않고 안정되고 편안함 마음으로 성현의 즐거움을 누릴 수 있는 것이다.

마지막으로, 청담자는 치양지를 통해 천지만물을 한 몸으로 여기고 사랑하게 된다. 나와 너의 구분이 없어지고 사람에서 산천초목에 이르기까지 세상 모든 것을 제 몸처럼 아끼고 사랑하게 된다. 양명은 세상 모든 사람이 마음속의 양지를 실현하여 한 몸처럼 서로 사랑하는 세상을 꿈꿨다.

왕양명상담은 '마음 다잡기-마음 깨닫기-마음 실현하기-마음으로 하나 되기'의 네 단계를 거쳐 양지를 깨닫고 실현하는 치양지의 과정이다. 왕양명상담은 청담자의 상처받은 마음을 치유하는 것을 넘어 청담자가 도덕성을 회복하고 내적 성장을 이룰 수 있도록 돕는다.

5

왕양명상담의 전략

왕양명상담은 사람들이 겪는 심리적 부적응을 진단하고 치료하는 기존 상담의 전략과는 결이 다르다. 독감으로 고통을 호소하는 환자에게 기침약과 해열제를 처방하면 겉으로 드러나는 증상은 완화할 수 있다. 하지만 근본적인 치료는 독감을 유발하는 원인인 바이러스를 제거하는 것이다. 왕양명상담은 청담자로 하여금 심리적 부적응을 겪게 하는 삐뚤어진 마음을 직면하고 올바르게 다룰 수 있도록 돕는다. 이러한 접근은 마음의 힘을 길러 심리적 부적응을 유발하는 근본원인을 제거할 뿐만 아니라, 앞으로 접할 수 있는 다양한 심리적 문제에 대처할 수 있도록 한다.

양명은 제자들이 양지를 깨닫고 실현시켜 나가도록 다양한 대화전략을 활용하였다. 이러한 양명의 노력에 힘입어 양명의 제자들은 주자학의 틀을 깨고, 양명의 새로운 성학으로 깨달음을 얻고 변화와 성장을 이루었다. 다행히 양명의 말과 글은 양명의 제자들이 편찬한 전습록에 많이 남아 있다. 양명의 제자들은 양명이 죽은 뒤에도 그의 사상을 따르기 위해 각자 간직한 양명의 말과 글을 모아 그 뜻을 비교하고 논쟁하며 수련에 임했다. 전습록에 담긴 양명의 전략을 반영한 왕양명상담은 청담자의 변화와 성장에 의미 있게 적용할 수 있을 것이다.

1. 청담자의 기질과 특성 존중하기

상담에서 청담자의 특징을 파악하는 것은 매우 중요하다. 청담자가 겪는 문제 상황은 각 청담자가 처한 현실에 따라 제각각이기 때문에 천편일률적인 처방을 내

릴 수 없는 노릇이다. 양명 역시 제자들의 수련을 도울 때 각 제자의 기질과 특성을 파악하여 각기 다른 방법으로 이끌어 주었다. 제자 서애가 양명과의 대화를 책으로 엮은 전습록의 머리글을 보면 다음과 같은 대화가 나온다.

문인 가운데 은밀하게 양명선생의 말을 기록하고 있는 자가 있었다. 선생이 이것을 듣고 그 사람에게 다음과 같이 말했다. "성인, 현자가 사람을 가르치는 것은 의사가 약을 쓰는 것과 같다. 모두 병에 따라 처방을 하기에 환자의 허실·온량·음양·내외를 살펴서, 그때그때에 이것[약]을 더하거나 줄인다. 중요한 것은 병을 없애는 데 있는 것이며 처음부터 정해진 이론은 없다. 만일 한 가지 처방을 고집한다면 환자를 죽이지 않음이 드물다. 지금 나는 여러분과 함께 각기 [기질과 인욕에] 치우치고 가려진 것에 대해서 경계하며 힘써 갈고 닦는 것에 불과하다. 잘 고쳤다면 나의 말은 이미 쓸모없는 것일 뿐이다. 만일 [나의 말을] 끝내 고수하여서 완성된 가르침으로 삼는다면 다른 날에 자신을 그르치고 다른 사람을 그르칠 것이니, 나의 죄와 허물을 씻을 수 있겠는가?"

〈양명전집 41권, 최재목, 2003, pp. 198-199〉

양명은 제자들이 한 가지 수련법에 매몰되어 양지의 진정한 의미를 잃는 것을 매우 경계했다. 양명은 각 제자의 기질과 특성을 고려하여 서로 다른 방법으로 양지를 깨달을 수 있도록 하였다. 이를 마치 의사가 환자의 병에 따라 처방을 달리하는 것에 비유하였다. 감기환자와 폐렴환자는 겉보기에 증상이 비슷할지 몰라도 의사의 처방은 확연히 다르다. 이와 같이 모든 청담자가 처한 상황은 각기 다르며 이에 대한 대처도 달라야 한다. 양명이 만년에 전주의 난을 진압하러 떠날 때 제자 둘이 양명의 가르침에 서로 다른 견해를 갖고 찾아온다. 이에 양명은 다음과 같이 말한다.

내가 여기서 사람을 접하는 데는 원래 다음 두 가지 종류의 방법이 있다. 근기가 영리한 사람은 곧바로 본원(本源)으로부터 깨우쳐 들어간다. 사람 마음의 본체는 원래 밝고 맑아서 막힘이 없으며, 원래 [정감이] 아

130 | 왕양명과 상담

직 발현하지 않은 알맞은 상태(未發之中)이다. 근기가
영리한 사람은 단번에 본체를 깨달으니 그것이 바로
공부이며, 타인과 자기, 안과 밖이 한꺼번에 모두 통하
게 된다. 그 다음 [근기의] 사람은 습관화된 마음(習
心)이 있어서 본체가 가려짐을 면하지 못한다. 그러
므로 잠시 동안 의념상에서 착실하게 선을 행하고 악
을 제거하도록 가르친다. 공부가 무르익은 뒤에 찌꺼
기가 다 제거되었을 때는 본체도 전부 밝아지게 된다.
…… 그대들 두 사람이 [상대방의 견해를] 서로 취하
여 사용한다면, 보통 사람 이상이나 이하의 사람들을
도(道)로 인도해 들어갈 수 있을 것이다.

〈전습록 하권, 정인재, 한정길, 2001, pp. 808-809〉

양명은 수련에 임하는 사람의 자질에 따라 서로 다른
공부법을 권한다. 근기가 영리한 사람은 마음의 본체인
양지를 쉽게 파악하는 사람으로 날 때부터 성인(聖人)
에 가까운 사람을 의미한다. 그 다음 근기의 사람은 양
지가 사욕에 가려진 상태의 의념에서 아직 벗어나지 못
한 현인(賢人) 이하의 사람을 의미한다. 근기가 영리한
사람은 마음의 본체인 양지와 의념, 앎과 사물 모두가

하나이며 이를 단번에 꿰뚫어 양지를 실현한다. 불교의 돈오점수(頓悟漸修)[1]에서 돈오에 해당하는 수행이다. 하지만 그 다음 근기의 사람들은 꾸준히 선을 행하고 악을 멀리함으로써(爲善去惡) 사욕에 의해 가려진 본체를 회복하여 양지를 실현한다. 불교의 점수(漸修)에 해당하는 수행이다. 양명은 제자의 기질과 특성에 따라 서로 다른 수행법을 제시하고 있다. 양명은 여기서 그치지 않고 제자들이 각각의 기질과 그에 대한 대처법을 알고 모든 유형의 사람들이 각자의 방법으로 양지를 실현하도록 도와주길 바란다.

인간중심상담에서 상담자는 인간중심적 관계와 환경을 형성하여 청담자가 어떤 자기실현경향성을 가지고 있는지 발견하도록 돕고, 발견한 자기실현경향성을 잘 계발하도록 촉진해 준다(양명숙 외, 2013). 왕양명상담은 이와 마찬가지로 청담자의 기질과 특성을 파악하여 그에 맞는 처방으로 청담자가 내재된 양지를 올바르게 실

---

1 문득 깨달음에 이르는 경지에 이르기까지에는 반드시 점진적 수행 단계가 따른다는 불교용어이다(두산백과, 2019).

현할 수 있도록 돕는다.

2. 자유롭고 허용적인 분위기 만들기

『전습록』은 양명이 제자와 질문을 주고받는 방식으로 쓰였다.『논어』나『맹자』도 문답식으로 쓰였지만 대화의 분위기나 사제 간에 관계가 사뭇 다르게 보인다.『전습록』의 대화는 제자가 스승의 말을 단순히 듣고만 있지 않다. 스승의 말이 이해될 때까지 반복해 되묻고 자신이 평소 갖고 있던 철학과 맞지 않으면 논쟁을 벌이기도 한다. 양명은 이러한 제자에게 다양한 전략을 동원하여 이해시켜 주고자 노력한다. 이러한 대화방식은 사제 간에 엄격한 상하관계를 강조했던 당시 시대상을 고려할 때 매우 이례적인 일이다.

당시 학생들은 과거시험을 통해 입신양명하는 것을 공부의 유일한 목적으로 삼았다. 학생들은 좁은 방에 갇혀 성현들이 남긴 경전과 시문을 달달 외웠으며, 교사는 이를 감독하고 게을리 학습하는 학생들을 처벌하는 교도관에 가까웠다. 양명은 평소 이러한 강학 분위기에 비판적인 입장이었다. 양명이 아동교육에 대한 자신의 철학을 교사 유백송(劉伯頌)에게 적어 보낸 편지를 보면 양명의 이러한 입장을 잘 알 수 있다.

근세에 어린아이를 가르치는 자들은 날마다 구두법(句讀法)과 고시 형식의 문장을 짓도록 감독하고, 단속하기만을 요구하고 예(禮)로써 인도할 줄 모르며, 총명하기만을 요구하고 선(善)으로써 키울 줄 모르며, 채찍으로 때리고 잡아 묶어서 마치 죄수를 대하듯이 한다. 어린아이들이 학교를 감옥처럼 여겨서 기꺼이 들어가려 하지 않고, 선생을 원수처럼 여겨서 보려고 하지 않는다. 엿보고 피하고 가리고 숨어서 놀고 싶은 욕구를 충족시키고, 거짓말하고 궤변을 꾸며서 그 우둔함과 비속함을 제멋대로 이룬다. 경박하고 용렬하여 날이 갈수록 하류로 떨어진다. 이것은 대개 악으로 몰아붙이면서 그들이 착하게 되기를 요구하는 것이니, 어떻게 가능하겠는가?

〈전습록 중권, 정인재, 한정길, 2001b, p. 611〉

양명이 묘사한 당시의 학교는 현재 우리 학생들이 처한 환경과 너무나도 흡사하다. 한국의 학생들도 소위 명문대 진학이라는 목표를 위해 자신의 다양한 꿈과 끼를 억누르고 학업에만 몰두한다. 많은 학부모가 좋은 교사란 수단과 방법을 가리지 않고 자신의 자녀가 더 좋은 점수를 받게 만들어 주는 사람이라고 생각한다. 그러나 양명은 딱딱하게 군자 행세를 하며 일방적으로 깨달음을 전하지 않았다. 자유롭고 허용적인 분위기에서 화기애애하게 제자들을 대했다.

왕여중과 황성중이 선생님을 모시고 앉아 있었다. 선생이 부채를 쥐고 명하였다. "너희도 부채를 사용해라."

황성중이 일어나 대답했다. "감히 사용하지 못하겠습니다."

선생이 말했다. "성인의 학문은 그렇게 얽매여 괴로워하는 것이 아니며, 도학적인 겉모양을 꾸미는 것이 아니다."

왕여중이 말했다. "공자께서 증점이 [자신이 품은] 뜻을 말할 것을 허락하신 장(『논어』의 「선진」)을 살펴

보면 대략을 알 수 있습니다."

선생이 말했다. "그렇다 그 장을 통해 살펴보건대, 성인께서는 어쩌면 그토록 관대하고 포용성 있는 기상을 지니고 계셨던가? 스승된 사람이 뭇 제자들에게 품은 뜻을 묻자, 세 제자(자로, 염유, 공서화)는 모두 몸가짐을 단정히 하고 대답했으나 증점은 그 세 사람을 안중에 두지 않고 초연히 거문고를 타고 있었으니, 이 얼마나 거리낌 없이 자유분방한 태도인가! 품은 뜻을 말할 때도 [증점은] 스승이 제기한 구체적인 물음에는 대답하지 않고, 거리낌 없는 자유분방한 말을 할 뿐이었다. 만약 정이천[2]이 있었다면 아마도 그를 질책했을 것이다. 그러나 성인께서는 오히려 그를 칭찬하였으니, 이것은 어떤 기상인가! 성인은 사람들을 가르치실 때 그들을 속박하여 모두 똑같이 만들지 않으셨다."

〈전습록 하권, 최재목, 2003, pp. 292-293〉

양명은 제자들이 사제 간의 법도에 얽매이지 않고 자

---

[2] 중국 송나라의 철학자이다. 전해져 오는 고사를 보면 정이천이 좌선을 할 때 제자가 찾아오자 기다리라고 한다. 이에 제자는 눈이 내려 무릎까지 쌓일 때까지 밖에서 계속 꿇어 앉아 기다렸다고 한다(최재목, 2003).

유롭고 편안하게 공부에 임하기를 바란다. 무더운 날씨로 공부에 집중하지 못하느니, 부채를 쓰며 쾌적한 환경에서 공부에 임하도록 한다. 제자들이 법도에서 벗어나 최적의 환경에서 자유분방하게 자율성과 창의성을 발휘하기를 바란다. 양명은 이러한 태도를 바탕으로 제자들이 자신의 특성과 기질에 따라 양지를 깨닫고 실현할 수 있도록 하였다.

3. 논쟁하여 일깨우기

양명은 치양지론을 실제 상황에 적용하여 끊임없는 문답으로 그 자리에서 깨닫게 하는 교육 방식을 펼친다. 『전습록』 하권에는 다음과 같은 기록이 있다.

건주에서 왕우중(王于中), 추겸지(鄒謙之)와 함께 선생을 모시고 있을 때 선생께서 말씀하셨다. "사람들은 가슴속에 각각 하나의 성인을 지니고 있다. 다만 스스로 믿지 못하기 때문에 스스로 [성인을] 묻어 버리고 말았을 뿐이다."

그리고 우중을 돌아보면서 말씀하셨다. "네 가슴속도 원래 성인이다."

우중이 일어나서, "감당하지 못하겠습니다."라고 하였다.

선생께서 말씀하셨다. "그것은 그대 자신이 지니고 있는 것인데, 왜 사양하려고 하는가?"

우중이 또 말했다. "감당하지 못하겠습니다."

선생께서 말씀하셨다. "뭇사람들도 모두 그것을 지니고 있거늘, 하물며 그대에게 있어서랴! 그런데도 무슨 이유로 겸손해하는가? 겸손해서는 안 된다." 그러자 우중이 웃으면서 받아들였다.

〈전습록 하권, 최재목, 2003, pp. 237-238〉

[선생께서] 또 논하셨다. "사람에게 있는 양지는 그대가 어떻게 하건 없앨 수 없다. 비록 도적이라 하더라도 역시 도둑질하는 것이 마땅하지 않다는 것을 스스로 알고 있다. 그를 도적이라고 부르면 그도 역시 부끄러워한다."

우중이 말했다. "다만 물욕이 막고 가렸을 뿐입니다.

양심은 안에 있으므로 본래 잃어버릴 수 없는 것입니다. 마치 구름이 태양을 가린 것과 같으니, 태양을 어찌 일찍이 잃어버린 적이 있겠습니까?"

선생께서 말씀하셨다. "우중은 이처럼 총명하구나! 다른 사람은 이것까지는 살피지 못했다."

〈전습록 하권, 최재목, 2003, pp. 237-238〉

앞선 대화를 보면 한 자리에서 대화한 것이 맞는지 의심스러울 정도로 제자 우중의 말과 행동이 급격히 변화한 것을 알 수 있다. 당시 사제지간은 매우 엄숙하고 경직된 관계였다. 스승은 존경과 예의를 다해야 하는 대상으로서 몸가짐을 올바르게 하여 모셔야 되는 존재였다. 때문에 스승 앞에선 한없이 겸손해야 마땅했다. 우중 또한 양명 앞에서 자신에게 성인의 씨앗이 있다는 사실을 여러 번 사양한다. 하지만 양명은 그의 태도를 꾸짖듯이 나무라며 거듭 양지에 대해 이야기하고 있다. 결국 우중은 이를 받아들이고 오히려 양지에 대해 다른 제자가 닿지 못한 부분까지 깊숙이 이해하고 있었다는 것이 드러난다.

양명은 허례허식에 얽매이지 않고 내 안의 양지를 깨달아 충실히 수련하도록 대화를 주도하고 있다. 이러한 질책 덕분에 우중은 당당하게 자신의 속내를 드러내 보이고 있다. 양명의 사례와 같이 상담자는 청담자가 내 안의 틀에 갇혀 있을 때, 과감히 문제점을 논쟁하여 그 틀을 부숨으로써 청담자가 자신을 솔직히 내보이며 한 층 더 성장할 수 있도록 도와야 한다.

4. 진심으로 포용하기

양명이 이두산에 근거지를 둔 반란군을 진압할 때의 일이다. 양명은 이두에 있는 반란군에게 각 종 선물을 보내며 다음과 같이 설득했다.

이유 없이 닭이나 개를 죽이는 것조차도 차마 하지 못할 짓이라는 생각이 드는데 하물며 하늘에 관련된 사람의 목숨은 말할 것도 없다. 만일 가볍게 죽인다면 보이지 않는 힘에 의해 반드시 응보가 있고 재앙이 자손에게 미칠 것이다. 그런데도 어찌 애써서 그것을 하고자 하는가? 나는 항상 그대들에 대한 생각으로 밤에 잠을 이룰 수가 없다. 그대들을 위해서 살길을 찾아보려고 생각하지 않은 것은 아니나 그대들이 어리석고 어두워 알아주지 않는다. 그래서 어쩔 수 없이 병(兵)을 일으킨 것이다. 이것은 내가 죽이는 것이 아니고 하늘이 죽이는 것이다. 지금 내가 전혀 사람을 죽일 생각이 없느냐 하면 그것은 거짓이다. 분명히 죽이려 하고 있느냐 하면 그것 또한 나의 본심은 아니다. 그대들은 지금 악한 짓을 하고 있지만 처음에는 똑같이 조정의 갓난아이였다. 예를 들어, 한 부모가 열 명의 아들을 낳았는데, 그 가운데 여덟 명은 선하지만 두 명이 극악무도하여 여덟 명을 죽이려 한다고 하자. 그렇다면 부모의 마음은 그 두 명을 없애서 여덟 명이 편안히 생활하도록 해 주고 싶어질 것이다. 부모는 똑같은 아들인데도 왜 두 아들을 죽이려 하는 것일까? 어쩔 수 없기 때문이다. 나는 그대들에 대해서 똑같이 생각하고 있다. 만일 이 두 아들이 악한 행동을 뉘우쳐 선한 행동을 하고, 울면서 진심을 드러낸다면 부모된 자는 반드시 가련하여 이들을 껴안아 줄 것이다. 왜냐하면 그 아들을 차마 죽이지 못하는 것이 부모의 본심이기 때문이다. 지금 그 본심을 이루어 낼 수가 있다면 이 이상의 기쁨과 다행은 없다. …… 아아, 백성은 나의 동포, 자네들은 모두 나의 갓난아이인데, 나는 너희를 구하지 못하고 죽게 될 것인가? 슬프도다! 슬프도다! 이렇게까지 말을 하고 나니 저절로 눈물이 흐른다.

〈양명전집, 최재목, 2003, pp. 179-180〉

이 글을 접한 많은 사람이 항복해 왔다. 일부는 부하를 이끌고 와서 항복하거나 죽을 때까지 보답하겠다는 사람도 있었다. 양명은 비록 반란의 무리로서 백성들을 괴롭히는 도적집단이지만, 그들을 처벌의 대상이 아니라 잘못된 길에 빠진 아이를 대하듯 한다. 그들의 죄는 밉지만 부모의 마음으로 그들을 적극 받아들였다. 먹고 살기 위해 최후의 수단으로 반란을 택한 많은 사람이 양명의 이런 따스한 마음에 생각을 바꾸게 된다. 이렇게 귀순한 몇몇 반란군은 양명의 군대에 편입되어 공을 세우기도 한다.

양명은 각종 모함과 중상모략으로 관직생활에 지쳐

있었다. 임종을 지키지 못한 조모의 무덤에 성묘하고, 병환 중의 아버지를 보기 위해 사직을 바라는 상소를 네 차례 올리지만 모두 받아들여지지 않는다. 이때 당시의 심정이 「연보 49세조」에 잘 드러나 있다.

> 양명이 말했다. "도망쳐 달아나고 싶은데 어느 누구도 찬성해 주지 않는다."
>
> 그러자 그의 문인 주중(周仲)이 말했다. "선생님이 돌아가고 싶다는 일념에 붙들려 있는 것은 아무래도 상(相, 하나의 현상)에 집착하고 있는 것처럼 생각됩니다."
>
> 이에 양명은 잠시 생각을 하고 난 뒤에 대답하였다.
>
> "이 상에는 집착하지 않을 수 없다."
>
> 〈연보 49세조, 최재목, 2003, p. 225〉

양명은 부모·가족과 같은 혈연에 집착하는 것은 인간의 자연스러운 감정으로 보았다. 오히려 이러한 인간관계를 끊고 도를 구하기 위해 자연 속에 살고, 절로 들어가 버리는 행동을 경계하였다. 지극히 자연스러운 인간의 마음을 받아들이고 알맞게 조절하는 것을 치양지의 방법으로 삼았다. 양명은 속세를 떠나 산으로 들어가 인간의 감정을 끊고 깨달음을 구하기보다, 치열한 삶의 한가운데에서 마음을 안정시키고 수련하기를 택했다. 자신이 갈고닦은 지극히 선한 마음을 주변 사람에게 비추어 세상 모든 사람이 서로를 제 한 몸처럼 아끼고 사랑하며 살아가는 이상사회를 꿈꿨다.

양명은 자신의 감정이든 타인의 감정이든 그 감정의 깊은 이면을 살피고 진심으로 수용하고 배려하면서 지금 여기에서 살 것을 말한다. 이러한 태도는 청담자의 마음에 큰 울림으로 다가가 진정한 치유와 성장을 이끌 수 있을 것이다.

5. 적극적으로 다가가 공감하기

양명은 주변을 면밀히 살펴 고통받는 사람들을 알아보고 그 마음을 진심으로 이해하고 공감해 주었다. 양명은 수많은 심적 고통과 죽음의 위기를 겪었고 이를 극복해 가며 자신의 사상을 원숙하게 가다듬었다. 때문에 수련과정에서 사람들이 겪을 문제점을 잘 알고 있었고 어려움을 겪고 있는 사람들을 돕고자 적극 노력했다. 양명이 절에 방문했을 때, 수행하는 승려와 대화하는 모습은 양명의 이러한 노력을 잘 보여 준다.

　어느 날 양명이 호포사를 방문 했을 때의 일이다. 그곳에는 3년 동안 한마디 말도 하지 않고 눈을 감은 채 좌선 수행하는 승려가 있었다. 양명은 그 모습을 보고 말했다. "이보시오, 스님! 종일 중얼중얼 뭘 말하고 종일 멀뚱멀뚱 뭘 보고 있소?"
　승려는 놀라 눈을 뜨고 일어서서 "왜 그런 질문을 했는가?"
　양명이 재차 물었다. "어디 사람입니까? 집을 나온 지 얼마나 되었습니까?"
　승려가 답했다. "나는 하남사람이오. 집을 나온 지 십여 년이 되었소."
　　　　　　　　　……
　양명은 승려에게 "당신은 어머니를 보고 싶은 생각

이 없습니까?"라고 물었다.

승려가 말했다. "그 생각을 억누를 수가 없소."

그러자 양명이 말했다. "거 봐요. 당신이 마음으로 잊을 수 없다면 겉으로야 종일 말하지 않고 있지만 마음속으로는 항상 노모가 무엇을 하고 계실까 등의 말을 하고 있는 셈입니다. 또 겉으로야 하루 종일 보지 않는다고 해도 마음속으로 항상 노모의 모습을 그리고 있는 셈입니다."

이에 승려는 말했다. "말씀 감사합니다. 지금 한 말씀 가르침을 부탁드립니다."

그러자 양명이 말했다. "자식이 부모를 생각하고 부모가 자식을 생각하는 것은 하늘이 내린 자연스런 본성(天城)입니다. 이것을 억누른다고 한들 어찌 막을 수 있겠습니까? 종일 가부좌를 틀고 수행을 하더라도 마음만 괴로울 뿐이고 얻는 것은 없습니다. 부모를 존경하지 않고 누구를 존경하겠습니까?"

말이 채 끝나기도 전에 승려는 눈물을 뚝뚝 흘리며 큰 소리로 울더니 벌떡 일어서서 크게 깨달은 듯 합장을 하고는 그에게 감사의 뜻을 표하고 나서 말했다. "집으로 돌아가 노모에게 효성을 다하겠습니다."

〈최재목, 2003, pp. 85-86〉

양명은 젊은 시절 도교와 불교의 수행방법에 빠져 지낸 적이 있다. 때문에 이러한 수행방법의 부작용도 몸소 체험하여 알고 있었을 것이다. 양명은 호포사의 승려가 '중얼중얼 말하고 멀뚱멀뚱 바라보는 증상'을 예사롭지 않게 보았다. 양명은 계속되는 승려와의 대화를 통해 가족들을 그리워하고 걱정하는 승려의 마음을 진심으로 공감해 주었다. 결국 양명의 말에 큰 감명을 받은 승려는 오랜 세월 자신을 짓누르던 마음의 짐을 내려놓고 귀향하게 된다. 상담자의 통찰력과 진심어린 공감이 청담자의 행동에 어떻게 변화를 주는지 알려 주는 좋은 예이다.

보통 상담은 청담자가 일상생활에서 부적응을 겪고 상담자를 찾아와 시작된다. 하지만 상담은 상담실에서만 이루어지는 것이 아니라 일상생활 도처에서 다양한 형태로 나타난다. 때문에 상담자는 청담자가 찾아와 심적 고통을 호소하지 않더라도 주변 사람들을 면밀히 관찰하여 마음속의 응어리를 풀어줄 수 있어야 한다. 예컨대 어린 학생들은 자신이 겪은 부적응을 제대로 알지 못하고 전문적인 도움을 받아야 한다는 사실도 모르는 경우가 많다. 이 때, 교사와 같은 상담자는 적극적으로 부적응을 겪는 학생들을 살펴보고 그 학생에게 다가가 진심으로 공감해 줄 필요가 있다.

6. 있는 그대로 다가가기

양명은 학생을 가르치는 데 있어 이론만 펼치는 것이 아니라 모범을 보임으로써, 제자들이 더욱 따를 수 있도록 하였다. 빈틈없는 선지자로 제자 위에 서는 것이 아니라, 본연의 모습을 솔직하게 드러내고 제자들과 허심탄회하게 자신의 심경을 말하며 함께 성장해 가기를 바랐다.

나는 도에 대해서 아직 얻은 바가 없다. 학문도 조잡할 뿐이다. 잘못하여 여러분들이 서로 따르기에 [스승이 되어] 밤이면 밤마다 "나는 아직 악마저도 벗어나지 못했다. 물론 과오는 말할 것도 없다."라는 것을 생각한다.

어떤 사람은 "스승을 받는 데는 무례하지 않고 숨기지 않는 법이다."라고 말하고서, 마침내는 "스승에게는 간언할 만한 것이 없다."라고 말하는데 이것은 잘못된 것이다. 스승에게 간언하는 길은 정직하되 무례하지 않도록 하고, 완곡하지만 숨기지 않도록 해야 하는 것이다. 만약 나에게 옳은 바가 있다면 여러분의 간언에 의해 그 옳음이 분명해질 것이고, 만일 나에게 그른 바가 있다면 여러분의 간언에 의해 그 그름이 제거될 것이다.

대저 가르침과 배움은 서로 커 가는 것이다. 내가 여러분에게 선한 일을 하도록 권하기 위해서는 마땅히 나부터 시작해야 한다.

〈양명전집 26권, 최재목, 2003, p. 137〉

양명은 자신이 많이 부족하지만 어쩌다 보니 스승이 되었다고 생각하였다. 이에 자신의 부족한 모습을 제자들 앞에서 솔직히 인정하고 제자들에게 모범이 되기 위해 노력하였다. 양명의 이러한 투명한 모습이 오히려 제자들에게 더욱 큰 감동으로 다가왔을 것이다.

유학은 수신(修身)을 공부의 첫 순서로 꼽는다. 자신을 절제하고 주변에 예를 갖추는 것을 매우 중요하게 여긴다. 때문에 자신의 감정을 드러내고 흐트러진 모습을 보여 주는 것을 엄격히 삼간다. 하지만 양명은 자신의 감정을 드러내는 것을 지극히 자연스러운 것으로 보았다. 다음 대화에서 이러한 양명의 태도가 잘 드러난다.

제자가 물었다. "즐거움이 마음의 본체라고 하셨는데 부모의 상을 만나 슬피 통곡할 때도 그 즐거움이 여전히 있습니까?

선생이 대답했다. "반드시 크게 한 번 통곡해야만 비로소 즐거우며, 통곡하지 않으면 즐겁지 않다. 비록 통곡할지라도 이 마음이 편안한 곳이 바로 즐거움이다. 본체는 움직인 적이 없다."

〈전습록 하권, 정인재, 한정길, 2001b, p. 772〉

유학의 가르침은 지금까지도 우리의 정신세계에 영

향을 미쳐 많은 사람이 자신의 감정을 솔직하게 드러내는 것을 꺼리게 한다. 한 감정에 집착하여 고통받는 내면을 모른 채하며 짐짓 태연하게 행동한다. 이렇게 억누르는 감정에 의하여 때로는 우울증으로 고통받고, 때로는 화병으로 몸져눕기도 한다. 양명은 자신의 감정을 솔직히 드러내는 것을 문제 삼지 않는다. 오히려 감정을 억누르고 표현하지 않는 것이 마음의 본체에 해를 끼치는 일이라고 본다. 감정이 동요할 상황에 처하면 시원하게 내보여야 다시 본래의 평온한 상태로 돌아올 수 있다고 보았다.

인간중심상담은 상담자의 진정성 있는 태도를 매우 중요시한다. 청담자는 상담자의 자기일치적인 행동을 통해 상담자의 모든 표현을 신뢰할 수 있게 되며 이것이 청담자에게 안정감을 주어 두려움 없이 자신의 문제를 스스로 탐색할 수 있게 한다(양명숙 외, 2013). 양명이 제자들에게 자신의 감정을 솔직히 내보이고 진심으로 다가서는 자세는 인간중심상담의 진정성과 일맥상통하는 부분이 많다. 양명은 자신을 선지자로 꾸며 제자들을 일방적으로 몰고 가지 않았다. 제자들의 곁에서 끌어 주고 밀어 주며 함께 성장하기를 바랐다. 자신의 감정을 숨김없이 내보이며 있는 그대로 다가감으로써 제자들에게 깊은 신뢰를 얻고 그들이 스스로 성장할 수 있도록 도왔다.

상담자는 왕양명상담이 기존 상담과 다른 면이 있다는 것을 알고 상담에 임해야 한다. 왕양명상담은 청담자가 호소하는 심리적 부적응을 완화하는 것에 목적을 두지 않는다. 왕양명상담에서 청담자가 겪는 심리적 고통은 사욕에 의해 마음의 본체인 양지를 직면하지 못해 나타나는 부작용이다. 때문에 왕양명상담의 전략은 청담자가 마음속 깊숙이 가려진 양지를 찾아 이를 회복할 수 있도록 돕는 데 집중한다. 왕양명상담에서 상담자는 때로는 양지를 먼저 깨달은 스승으로서 청담자를 이끌어 주고, 때로는 함께 마음을 갈고 닦는 동반자로서 청담자와 함께 성장한다. 왕양명상담의 전략은 기존 상담 전략과 상호보완하며 청담자의 도덕성 회복과 내적 성장을 이끈다.

맺음말

　양명의 사상은 『홍길동전』을 지은 허균에서 위당 정인보 선생에 이르기까지 오랜 세월 동안 많은 한국인의 사상에 큰 영향을 미쳐 왔다. 때문에 양명의 사상은 현대 한국인이 겪고 있는 마음의 질병을 치유하고 내적 성장을 이루는 데 실마리를 제공할 수 있을 것이다.

　양명은 세상을 등지고 자연에 숨어 살며 깨달음에 집착하는 것을 경계했다. 백성들의 곁에서 관직생활을 이어 가는 와중에 자신의 독자적인 심학을 펼쳤고 수많은 제자를 양성하였다. 양명의 사상은 수많은 고난과 역경을 헤치며 원숙해져 갔다. 양명의 치양지는 양명사상의 결정체로서 누구라도 마음속에 내재된 양지를 깨닫고 이를 갈고 닦으면 성현에 이를 수 있다고 말한다. 이와 같은 치양지론을 바탕으로 왕양명상담을 '마음 다잡기-마음 깨닫기-마음 실현하기-마음으로 하나 되기'의 네 단계로 구조화하였다.

양명의 제자들은 스승의 말과 글을 모아 수많은 저서를 남겼다. 이는 왕양명상담의 상담전략을 만드는 데 큰 지침이 되어 주었다. 양명은 제자들의 마음수련을 돕기 위해 다양한 전략을 활용하였다. 양명의 전략은 각 제자들의 특성을 고려하여 적용되었으며 상황에 따라 유연하게 변하였다. 양명의 이러한 전략들은 왕양명상담을 상담현장에 적용할 때 유용하게 쓰일 수 있을 것이다.

왕양명상담은 청담자의 문제에 접근하는 방법이 기존 상담과 판이하게 다르다. 기존의 상담은 청담자가 호소하는 심리적 부적응의 원인을 진단하고 해결하는 데 초점이 맞춰져 있다. 하지만 왕양명상담은 각각의 심리적 문제에 대처하는 방법을 중요하게 여기지 않는다. 오히려 이러한 부적응을 야기한 마음을 다루는 데 중점을 두고 있다. 왕양명상담은 마음의 작용을 올바르게 이해하고 갈고 닦아 마음의 힘을 기르도록 한다. 이렇게 길러진 힘은 청담자가 기존에 겪고 있는 심리적 부적응뿐만 아니라 앞으로 마주하게 될 다양한 문제상황에 능동적으로 대처할 수 있는 힘을 길러 준다.

양명은 한 인간의 마음속에 내재된 주체적인 변화의 힘을 긍정한다. 그리고 이러한 변화의 힘이 시냇물에 던진 돌 하나가 동심원을 만들듯 주변 모두에게 긍정적인 영향을 줄 수 있다고 믿었다. 이러한 믿음에서 출발한 그의 사상은 마음의 치유와 성장을 다루는 상담에 많은 시사점을 준다. 앞으로 왕양명의 사상과 현대상담을 연결하는 다양한 연구가 진행되어 양명이 꿈꾸는 만물일체의 이상사회가 한걸음 더 가까워지기 바란다.

참고문헌

김민재(2017). 양명학의 윤리상담에 대한 시사점 고찰: 왕수
　　　인을 중심으로. 윤리교육연구, 44, 311-339.

김세서리아(2011a). 양명학과 철학 상담: 주체의식과 상호성
　　　의 문제를 중심으로. 철학실천과 상담, 2, 73-99.

김세서리아(2011b). 여성주의 철학 상담을 위한 양명학적 사
　　　유의 전망. 한국양명학회, 29, 121-147.

김영건(2013). 양지의 자가 치유 메커니즘. 동양철학연구, 73,
　　　348-373.

두산백과(2019). 우파니샤드. Doopedia. http://www.
　　　doopedia.co.kr

박성희(2009). 공감. 서울: 학지사.

박성희(2011). 진정성. 서울: 학지사

박성희(2007a). 마음과 상담. 서울: 학지사.

박성희(2007b). 상담의 새로운 패러다임. 서울: 학지사.

박성희(2008). 고전에서 상담 지식 추출하기: 논어를 중심으로. 서
　　　울: 학지사.

박성희(2012). 수용. 서울: 학지사

박성희(2017). 원효와 무애상담: 참나(眞我)를 만나 누리기. 불교상담학연구, 10, 33-54.

박성희(2019). 빔으로 피어나는 영혼의 상담. 서울: 학지사.

양명숙 외 16명(2013). 상담이론과 원리. 서울: 학지사.

오제은 역(2007). 칼 로저스의 사람-중심 상담(a way of being). 서울: 학지사.

정갑임(2013). 왕양명의 '良知'와 게슈탈트 치료의 '알아차림(awareness)' 비교 연구. 한국양명학회, 34, 5-28.

정인재(2014). 양명학의 정신. 서울: 세창출판사.

정인재, 한정길 역(2001a). 전습록 1. 경기: 청계출판사.

정인재, 한정길 역(2001b). 전습록 2. 경기: 청계출판사.

최재목(2003). 내 마음이 등불이다. 서울: 이학사.

저자 소개

전병호

청주교육대학교 초등교육과 학사
청주교육대학교 초등상담교육 석사
전문상담교사 1급
충북 괴산연풍초등학교 교사

이재용

청주교육대학교 초등교육과 학사
청주교육대학교 초등상담교육 석사
충북대학교 교육학과 교육심리 및 상담 박사
청주교육대학교 교육학과 조교수
청주교육대학교 학생상담센터장
청주교육대학교 학교상담연구소장

[저서]
다산과 상담(학지사, 2009)
학교폭력 상담 2, 3(공저, 학지사, 2012)
자녀와 쿨하게 소통하기(공저, 학지사, 2014)
공감정복 6단계: 동화로 열어가는 공감 매뉴얼(공저, 학지사, 2017)
학교폭력의 새로운 패러다임: 공감, 용서, 회복, 성장(공저, 형설출판사, 2020)

동양상담학 시리즈 19

왕양명과 상담

2021년 1월 20일 1판 1쇄 인쇄
2021년 1월 25일 1판 1쇄 발행

지은이 • 전병호 · 이재용
펴낸이 • 김진환
펴낸곳 • (주) **학지사**
　　　　04031 서울특별시 마포구 양화로 15길 20 마인드월드빌딩
대표전화 • 02)330-5114　　　　팩스 • 02)324-2345
등록번호 • 제313-2006-000265호

홈페이지 • http://www.hakjisa.co.kr
페이스북 • https://www.facebook.com/hakjisabook

ISBN 978-89-997-2301-8 93180

정가 12,000원

출판 · 교육 · 미디어기업 **학지사**

간호보건의학출판 **학지사메디컬** www.hakjisamd.co.kr
심리검사연구소 **인싸이트** www.inpsyt.co.kr
학술논문서비스 **뉴논문** www.newnonmun.com
원격교육연수원 **카운피아** www.counpia.com